El sentir de sus fases

Este libro se lo dedico: a la mujer y madre que creía que sería y murió, morí, morimos. A mi hija por ser la compañera que siempre supe que era, simplemente a cambio de amor.

A mis padres, que estuvieron viendo mi proceso, mi metamorfosis de la manera en que cualquier padre puede o sabe hacerlo.

A los que se quedaron a mi lado sujetando mi mano pero dejándome caer para poder verme florecer.

A mi hijo por ser esa fortaleza que no permitía que su diagnóstico me siguiera matando violentamente contra los acantilados de nuestra hermosa montaña, su presencia me devolvió la respiración.

A todas esas madres que, como yo, conviven con un diagnóstico, una discapacidad o un trastorno, porque yo convivo con los tres. Somos ese caminito de hormigas que juntas hacen fortaleza, pero desde lejos se nos ve pequeñas y vulnerables. Y a quienes aún no tienen un diagnóstico, deseo con todas mis fuerzas que puedan obtenerlo pronto.

La maternidad duele en cada pequeño rinconcito que tiene.

Gracias a Olivia Mellado por plasmar un corazón que estuvo roto durante mucho tiempo y más tarde reconstruido en la ilustración de portada, porque realmente es como siento que fue mi transformación.

La maternidad atípica es un viaje que desafía todos los conceptos preestablecidos sobre lo que significa ser madre. Es un camino de amor, lucha y resiliencia, donde las emociones se entrelazan en una tela única de alegrías y desafíos.

Es una maternidad que se sumerge en lo desconocido, donde las expectativas se desvanecen y la realidad toma formas inesperadas. Cada día es una montaña rusa de emociones, desde la felicidad abrumadora por los pequeños logros hasta las lágrimas derramadas en la soledad de la noche.

Es la maternidad que enfrenta diagnósticos y términos médicos con coraje, buscando respuestas y soluciones en un laberinto de incertidumbre. Es la maternidad que celebra cada paso adelante, por pequeño que sea, como una victoria inmensa.

Es la maternidad que se sostiene en el equilibrio entre la fortaleza y la vulnerabilidad, donde las sonrisas esconden a veces lágrimas que nadie más ve. Es la maternidad que aprende a bailar al ritmo de su propio compás, sin compararse con los patrones convencionales.

Es la maternidad que redefine la normalidad, tejiendo redes de apoyo con otras madres que entienden el camino menos transitado. Es la maternidad que encuentra belleza en las diferencias, en los gestos únicos y en los abrazos que hablan sin palabras.

Es la maternidad que se enfrenta a miradas curiosas o llenas de prejuicios, sin perder de vista el valor intrínseco de cada hijo.

Es la maternidad que celebra cada logro, por pequeño que sea, como una victoria compartida con el coraje y el esfuerzo de ambos.

Es la maternidad que aprende a ver la luz en medio de las sombras, que descubre la fuerza en los momentos más desafiantes y que sigue adelante, incluso cuando los pasos son inciertos.

La maternidad atípica es realista en su mirada pero emotiva en su corazón. Es una maternidad que abraza lo impredecible y que demuestra, día a día, que el amor y la resiliencia pueden vencer cualquier obstáculo.

Su mundo volcó

Inmersa en una realidad tan frágil como el cristal, creía firmemente que la familia era aquello que tenía en las cuatro paredes de su casa. Decidió convertirse en madre tan rápido como fuese posible, ya que creía que ese era el propósito de su vida: ser madre, mujer de hogar y buena esposa. Sentía que no había sido buena en nada en los últimos 20 años de su vida y se aferró a ese cuento de apariencia encantadora, como un niño se aferra al pecho de su madre nada más nacer.

No pensó en nada más que en darle un hermanito a su primera hija, imaginándose constantemente que crecerían juntos y siempre estarían cerca. Después de un largo año de búsqueda, con un test de embarazo casi cada semana y un aborto espontáneo, finalmente llegó un ansiado positivo que cambiaría su mundo maternal. Cierto era que una vez que todo estuvo listo, el miedo invadió su vida al pensar en cómo podría seguir atendiendo emocionalmente a su hija mayor. Además, preocupaciones sobre la distancia al colegio más cercano, bastante lejos de su casa, se entrelazaban en su mente al mismo tiempo que su matrimonio tambaleaba con fuerza y rapidez, causando vértigo.

Ella ya había asimilado la maternidad en solitario, incluso sin haber cerrado ningún matrimonio. Sabía que esa historia no tenía ni pies ni cabeza; solo había inseguridad y una fina pantalla de papel que ocultaba la realidad a la que se negaba a enfrentar día tras día. Nunca tuvieron realmente nada en común, pero se aferraban a mostrar al mundo que la rapidez con la que tuvieron su primer bebé era el resultado de un amor verdadero encontrado a primera vista, en el primer encuentro. Ella ocultaba su deseo de alejarse de su vida anterior, mientras él solo quería cumplir con lo que le habían enseñado que era lo correcto: formar una familia que ya estaba fracturada desde el principio.

El embarazo transcurrió como si en su vientre no hubiera vida, ya que no notó movimientos bruscos ni náuseas; las subidas de peso eran inexistentes. Solo crecía lentamente con el pasar de los meses, dando a entender que venía al mundo... lento, pero venía.

Vivía en un balneario precioso con pinos largos que en el frío invierno se congelaban, y al alba caían gotas gruesas sobre su techo de chapa, haciéndole creer que el día empezaría lluvioso. Las calles eran de tierra con arena, de esa que ningún calzado conseguía durarte más de un mes. Tenía tiendas de alimentos muy cerca, y más de una, aunque con escasos recursos, igualmente le servían para las urgencias de cada día. La playa era la joya de ese pueblo o barrio, según se vea, aunque ella solo la pisaba en verano, perdiéndose por completo la magia de tomar un buen mate en esa arena fina y fría mientras observaba algún atardecer. Soñaba con poder algún día vivir cerca de esa inmensa playa para sentir el poder que desprende el río de la Plata cuando se junta con el arroyo en el que mojaba sus pies en verano, con miedo a que los cangrejos le mordieran. Eran sueños y sueños que quedaron sin ser jamás tomados en serio.
Parecía el lugar perfecto para ver crecer a sus hijos, a pesar de que la perseguía el miedo de ir sola por la calle y que le apareciera un perro que la mordiera. Un miedo

irracional por algo que jamás le sucedió, pero que la cegaba de tal forma que prefería no salir, aun sabiendo que eso la convertiría en objeto de burlas para quienes no entendían la magnitud de su miedo.

Tenía una pequeña clínica en el pueblo de al lado, a la que podía llegar a pie en los días en que no tenía suficiente para un billete de autobús. Y cuando se lo podía permitir, a veces se veía obligada por la falta de fuerzas que la acompañaron durante casi todo el embarazo. Era blanca y sencilla, en una avenida rodeada de casas preciosas y donde se respiraba paz. Llegó a pensar que la gente solo volvía a esas casas para dormir.
En el centro de salud había cuatro bancos y dos ventanillas, pero ni siquiera los cristales eran transparentes para que no pudiera ver qué ocurría en su interior. En una ventanilla ponía "farmacia" y en la otra "información". Era la sanidad pública, que en este segundo embarazo le tocó probar con miedo a que la falta de atención fuera su única experiencia. Cuánto se equivocó.
Entró en una pequeña salita con una camilla a un lado y un escritorio puesto sin más, lleno de papeles que ordenaba una doctora chiquitita y con una cara simpática aunque algo agotada. Le sonrió y le indicó que se sentara para tomarle los datos de ese, su primer control después de casi cinco meses de embarazo. Le mandó las pruebas pertinentes y ecografías que se suelen hacer en el tiempo en que acude a la visita. Como era sanidad pública, los análisis tenía que ir a hacérselas al centro de Montevideo, en el mismo hospital donde ella había nacido.
Se subió a un autobús confiando en que alguien le cedería el asiento al notar que estaba embarazada, pero viajó de pie porque no se le notaba absolutamente nada. Se bajó agotada y caminó aproximadamente una calle

donde se encontró con el lugar donde daría a luz a su segundo hijo, nerviosa y expectante. Había traído al mundo a su primera hija en un hospital privado, donde a pesar de haber sufrido violencia obstétrica, no recordaba esos momentos con ningún trauma. Por lo tanto, creyó que en el nuevo hospital harían con ella lo que quisieran. Se llevó una sorpresa hermosa al darse cuenta de que el personal que la atendió allí tenía una vocación apasionada por su trabajo. Esperó a que los resultados estuvieran listos y se dirigió a su nueva clínica favorita, donde el buen ambiente reinaba a pesar de las carencias producto de la pobreza de aquel entonces.

Aquella doctora la sorprendió cuando sacó de un cajón de aquel escritorio un estetoscopio Pinard, utilizado para escuchar los latidos del corazón cuando se carece de tecnología o simplemente por la confianza del especialista.

'*¿Tomas drogas? ¿Tienes una buena alimentación?*' fue lo que le preguntó, dejándola asombrada desde la camilla. Respondió en este orden: "No" y "Sí", despertando algo dentro de sí misma que no podría explicar.

'*Te lo pregunto porque el latido es débil y el bebé viene muy pequeñito para los meses que ya tienes*', agregó la doctora. A pesar de la ignorancia que prevalecía, no sintió que debiera preocuparse por nada y siguió con su vida como si nada hubiera pasado. Continuó haciendo los siguientes controles pertinentes, hasta que descubrió que tendría un niño. Fue a las siete de la mañana cuando la citó aquel ecógrafo poco simpático o con pocas ganas de madrugar.

Ese día se fue a casa caminando, entrelazando emociones sobre cómo sería criar a un niño en un mundo tan machista. Se cuestionaba cómo entendería los temas de varones si en su vida nunca existieron como un interés.

Pasaron algunas semanas y terminó viviendo su embarazo en un tipo de silencio. Nadie entendía cómo iba a tener otro hijo con alguien con el que se veía desde Marte que no tenía futuro. Nadie la veía capaz de cuidar de dos criaturas de tan corta edad. Le hicieron creer que no era capaz, y ella les creyó.

Sin haberlo planificado el resto de su particular embarazo siguió en España, el país donde ella misma había crecido y al que echaba tanto de menos. Caminando por esas calles de tierra, soñaba con volver algún día para pisar el agua del Mediterráneo. Con 34 semanas de embarazo y sin pensar demasiado en lo que podría pasar una vez que el avión despegara, cruzó el gran charco de 10 mil kilómetros que separa Uruguay de España.

Tres semanas después de asentarse rápido y sin comodidades llegaba con siete centímetros de dilatación al hospital que la recibiría a las nueve de la noche, cambiando por completo aquel miedo que sintió cuando pensó que daría a luz en el lugar donde ella nació.

Podía aguantar, respirar profundo y sufrir en silencio, pero quiso permitirse la dicha de disfrutar de su parto. Pidió la epidural y pocos minutos después de recibirla, su cuerpo se relajó y la risa se adueñó de una sala que poco parecía una sala de parto como la que había experimentado dos años antes. Esta vez no estaba fría y gris; había música suave y una partera que solo sabía sonreír y calmar el ambiente en la inminente llegada de un bebé a la vida de una madre que parecía primeriza. Empujó lentamente, mientras acariciaba la cabecita que salía poco a poco de su ser. Lloraba y reía al mismo tiempo, pero sentía una fuerza a llorar debido a la presión que le generaba el haber dado a luz recientemente. Sin embargo, aquel bebé no parecía ser como el anterior.

Estaba gris, medía 40 centímetros y pesaba tan solo dos kilos. Ella no entendía por qué esa pequeña criatura era tan diminuta, con 37 semanas de embarazo.

Llegó el momento del contacto piel con piel en un pasillo del paritorio. Ella intentaba frenéticamente que el bebé se prendiera a su pecho, pero sin éxito, ya que el recién nacido solo lloraba enfurecido. La piel de su mamá le parecía lo mejor, pero ese bebé tenía frío. Instantáneamente después de que le colocaran calcetines y un gorrito, el bebé dejó de llorar automáticamente y se dispuso a amamantar como si llevara años sin leche, succionando del pecho de su agotada madre.

Ella estaba en una nube de amor y miedo que no le permitía disfrutar de ningún paso que daba. Al llegar al país, le faltaba más de la mitad de las cosas para su recién nacido. Antes de salir del hospital, tenía que esperar un capazo que había comprado por una aplicación de compraventa de segunda mano mientras aún estaba en aquella habitación con vistas al pueblo donde había crecido. Por 6€ y en excelente estado, ya tenía cómo llevar a casa a su bebé. Estaba ansiosa por presentárselo a su hija mayor, quien estaba entrando en la etapa de los terribles dos años.

Esa pequeña aún tomaba el pecho y los tres días en que su mamá estuvo en el hospital no fueron suficientes para que ella olvidara las horas que le encantaba pasar prendida de su madre. Así fue su recibimiento, brindando un pecho para cada uno de sus hijos. Colmada de amor y sueño, ella creía que lo tenía todo en la vida: el amor de sus hijos, aquellos que aún no se conocían bien entre sí. Mientras su matrimonio se desmoronaba día a día, el período postparto lo había guardado en un cajón, esperando poder vivirlo sin sentirse culpable por sentirse mal por alguna cosa.

A los veinte días de haber dado a luz, el pequeño ingresó en el hospital con fiebre alta. Ella tenía que esperar con lágrimas en los ojos en las salas de espera, ya que jamás la dejaron entrar para ser parte de las pruebas que le hacían a su hijo de apenas un mes de vida. Este ingreso terminó de convencerla de que su destino estaba en dormir sola, sin nadie que entorpeciera su camino con banalidades de la vida. No lograba estar bien, no dormía y no podía despertar a la otra parte por miedo a las discusiones, que ya eran diarias.

La siguiente semana se encontró maternando en solitario, sentada de noche en una cama, viendo a sus hijos dormir sin tener ni la más mínima idea de cuál sería el siguiente paso que daría en algo tan cercano como el día siguiente.

Ese pequeño lloraba día y noche. Con un brazo lo mecía y con el otro calmaba a una niña que preguntaba constantemente dónde estaba su papá. Las respuestas de esa madre triste, agotada, perdida, desesperada e invisible se resumían en 'está trabajando', con la pena más grande creciendo como un bulto enorme en su corazón.

Embarcada en una demanda por la guarda y custodia de sus hijos, convivía con el miedo, tal como lo conoce todo el mundo. Un miedo ensordecedor que no la dejaba dormir; las ojeras ya eran parte de su día a día, y la ansiedad, su vieja amiga que se había tomado unas vacaciones, ya estaba de vuelta, dispuesta a jugar a las escondidas con su mente y martillar constantemente su corazón para debilitarla al máximo posible. Lo había logrado: ella ya creía firmemente que el amor era algo comercial que jamás le tocaría vivir, porque su vida y su persona eran lo suficientemente deprimentes como para espantar a todo aquello que quisiera acercarse. Por eso, le dio la mano a la soledad, pero era una soledad triste que no te mira a la cara. Esa soledad, si podía, te empujaba en un agujero negro, haciéndote caer en picado con la desesperación de no saber dónde caerás, si es que caes.

Entre idas y venidas al juzgado, llegó el día en que se vio de pie, declarando ante un juez poco amigable sobre las necesidades de sus hijos, casi rogando que la custodia fuera únicamente suya. Era un juzgado bastante frío y lleno de personas serias, lo que no ayudaba a sus nervios que iban en aumento a medida que la hora del juicio se acercaba. Creyó todo el rato que su exmarido aparecería por la puerta para arrebatarle a sus hijos, su vida, su todo. No recuerda nada de lo que sucedió allí dentro; únicamente volvió en sí en los brazos de su abogada, que con una sonrisa en la cara le decía, 'lo logramos, tienes la patria potestad exclusiva, la guarda y custodia completa. El juez vio tu ferocidad'.

Salió de aquel juzgado caminando con los pies temblando. Las manos eran puro sudor y aquel pueblo estaba abarrotado de gente haciendo sus compras navideñas. Caminó lentamente entre el ajetreo, sus lágrimas caían como grifos abiertos que habían estado atascados por mucho tiempo. Todo a su alrededor parecía quedarse en pausa y ella era lo único que fluía en ese ambiente frío de diciembre. Su cuerpo se relajó; toda esa tensión se quedó en aquel juzgado y estaba dispuesta a comenzar una vida desde cero nuevamente.

El duelo que experimentaba por la pérdida de su familia era abrumador, agravado por sus expectativas de alcanzar aquello que todos en su entorno tenían. No quería ser el tema de conversación de todos, pues incluso en pleno siglo XXI, el hecho de que una madre tan joven tuviera que criar a sus dos hijos sin la presencia paterna aún era un tema que la sociedad juzgaba con dureza. Se notaba una tendencia a culpar más a la madre que al propio individuo que optaba por escapar de las responsabilidades de la paternidad. Surgía en ella un temor constante al escarnio y a la crítica poco constructiva que podían provenir de aquellos que no entendían su situación.

A pesar de estas preocupaciones, había asuntos más importantes en su mente que requerían su atención y esfuerzo.

¿Qué pasa?

Nada se había calmado. Mientras lidiaba con el duelo por la pérdida de la falsa familia que había construido con ilusión, su hijo parecía estar desarrollándose de manera diferente a lo que ya conocía en su otra hija.

El llanto no cesaba ni una sola noche en aquella habitación. Tenía dos camas individuales con cabeceros muy antiguos de color madera oscura. Había un armario generoso y una pequeña televisión que servía para tener algún sonido de fondo cuando lo único que escuchaba eran las voces de su mente. A un lado de la habitación había una ventana que daba a un pequeño patio de luces compartido con otros vecinos. Estos vecinos subían constantemente para preguntarle si todo estaba bien con el niño. No había respiro para escuchar el silencio de la noche pero *¿qué podía hacer ya esa madre que lloraba a la par que su bebe?*

 Gastó en productos para los cólicos lo que no está escrito, ya que eso era lo que su pediatra le decía que tenía. Pero ni eso lograba calmar a ese bebé irritable. Su pediatra era un señor que estaba al borde de la jubilación, por lo que su falta de interés en el bebé de pocos meses era evidente. Sus frases oscilaban desde *'te está tomando el pelo, mamá'* hasta *'no tiene nada, no lo traigas para nada'*. Esto despertó en ella la duda y el instinto, algo que no tenía un lugar asignado en su ser estaba a punto de hacer presencia en su día a día.

El pequeño no sonreía entre tantas cosas que observaba ella en el. Los meses pasaban y seguía estancado en el cuerpo de un bebé de un mes, con las mismas características cognitivas pero con una voz ya desarrollada, ya que hasta los ocho meses el llanto fue su forma de comunicación más arraigada en su cuerpo. Ella se cansó y se plantó en la sala de otro pediatra. *'Esto no está bien. No es normal que tenga diez meses y aún no se mantenga sentado'*, reclamó a ese señor que parecía más preocupado por mantener peinado su tupé que por los niños que allí asistían por una cosa u otra. Salió de esa consulta con la frase estrella bajo el brazo: **'Dale tiempo, los niños crecen de diferentes formas y a diferentes ritmos'**. Pero había logrado algo más: obtener una cita en el centro de atención temprana que se encontraba a unos tres o cuatro pueblos de distancia, aunque la cita tardaría aún unos meses en concretarse.

Entre tanta incertidumbre, crianza dando tumbos, esfuerzo de alegría fingida para con sus hijos los meses pasaban y la rutina se afianzaba en sus vidas.

Una vez, durante una revisión rutinaria mientras esperaba a su pediatra de cabecera, entabló una conversación con la enfermera acerca del cabello del bebé que era muy rizado y grueso, lo que siempre causaba curiosidad, ternura y motivo de charla simpática. De repente, la enfermera soltó: *'Me juego mi carrera ahora mismo a que tu hijo es autista'*. Lejos de sentirse mal, confirmó esa afirmación minutos después, jugando con el miedo de esa mamá, la ignorancia y lo desconocido. Más allá de si tenía razón o no, era tan solo una revisión rutinaria, en la que obviamente esa madre no estaba ni siquiera esperando un diagnóstico de ese calibre y con esa frialdad.

La palabra "autismo" se había instalado en su mente. Quería descubrir qué sucedía y esa palabra cobraba sentido, ya que en realidad nunca había considerado que algo médico o mental estuviera en juego. Solo pensaba en un pequeño retraso en el aprendizaje que, con mucho esfuerzo, se resolvería.

Cuando llegó el primer año del pequeño, en esa misma fiesta el bebé empezó a gatear con uno de los primeros coros de celebración que tendría a lo largo de su vida. Aún le faltaban los dientes y la luz de la vela mágica de la tarta lo estresó tanto que desencadenó un llanto que trajo los peores recuerdos a esa mamá, quien había estado un tiempo más tranquila respecto al llanto.

Miró videos en internet donde le enseñaban consejos para detectar señales de autismo. Señalaba con el dedo para comprobar si el bebé seguía la dirección de su dedo en lugar de mirar hacia donde apuntaba. Se dio cuenta de que no respondía a su nombre sino a sonidos bruscos. Pequeños gestos la tenían temblando por dentro, ya que jamás había conocido a nadie que tuviera autismo, y esa palabra se volvió común en su casa porque era lo único en lo que se enfocaba, pero se permitía que los días, los meses siguieran su curso esperando que las citas pendientes llegaran para despejar dudas, o al menos darle un respiro necesario en su mente.

Los días transcurrían, lentos, pesados y largos.

Una mañana la llamaron por teléfono para asignarle una cita en ese centro y desde que colgó hasta que pisó ese edificio, solo le ocurrían preguntas que formularle a la profesional que le había tocado. Una chica rubia, de baja estatura y complexión delgada, la invitó con su mejor sonrisa a pasar a la sala. Era una sala pequeñita pero tenía todo lo necesario: ventanales grandes que daban a la calle, una colchoneta azul gruesa para que el bebé estuviera encima sin riesgo a golpearse al perder el equilibrio, ya que aún no caminaba pero le gustaba explorar. Habían dos sillas, porque allí suelen ir los dos padres de la criatura, pero ella se vio sola en esa sala, contándole a esa chica que no conocía de nada todo lo que había sucedido en los meses anteriores para que pudiera elaborar un mapa de la situación y comprender mejor cada hecho descrito por esa madre.

Fue en esa sala donde ella vería por primera vez a su hijo en manos de un profesional, al que asistía por algún problema en el desarrollo. En ese momento, ella cayó en la realidad de que había un problema. Lo vio de manera distinta, vio algo a tratar, pero no sabía qué. En esa sala, esa mamá creó un nuevo mundo interno, pero aún no se imaginaba la magnitud ni los desafíos que eso traería consigo.

'Autismo… autismo… autismo…' Desde la A hasta la O, se deletreaba constantemente en su mente, porque era lo único en lo que ella pensaba en base en los pocos síntomas que había detectado a raíz de aquella enfermera impertinente.

Volvían a pasar semanas en las que la espera por saber qué le pasaba a su hijo era la única prioridad, pesada, muy pesada para la desesperación que puede sentir una madre que ve que el mundo gira, pero lo que rodea a su hijo de aún muy corta edad parece moverse mucho más lentamente.

En una visita con el endocrino que había estado siguiendo al pequeño desde su nacimiento, este decidió pedir un TAC para corroborar que todo estuviera en orden. Ese señor, de aspecto serio pero con un amor infinito por sus pacientes, era el único que escuchaba a esa asustada mamá.

Les tocó hacer esta prueba en una ciudad de Barcelona, en un barrio que ella no conocía. Pero, ¿qué más daba? ella iría de todos modos, aunque tuviera que perderse en ese lugar. Lo que no podía permitirse perder era la oportunidad de que su hijo siguiera con las pruebas, esas que ella creía que le darían una respuesta. Aunque no era de noche, pronto lo sería.

Se bajaron a tres calles de una clínica privada con su hijo en ayunas. Se sentó a esperar y el tiempo se alargó tanto que fue inevitable que el niño llorara de hambre. Ella sabía que la prueba se realizaría con sedación.

Estaban en una sala de espera bastante grande, con bastantes asientos entre las personas. Se sentó nerviosa pero a la vez esperanzada, esperando a que los llamaran para comenzar la prueba. Fue en esa sala donde viviría su primer evento crucial en el camino que estaba a punto de emprender.

Con el ruido de la maquinaria de fondo, observó cómo un señor muy amable, con la ayuda de otro, le hacía firmar los consentimientos para la sedación. Su hijo fue acostado para comenzar la prueba. Poco a poco, un nudo fuerte y grueso se formaba en su garganta, impidiéndole tragar saliva. Ver a su hijo prácticamente convulsionar con los ojos en blanco, luchando por liberarse de la mascarilla de gas, fue la imagen más desgarradora que se llevaría consigo a casa. Cuando el pequeño cayó inconsciente en la camilla, ella salió a la sala de espera. Era pequeña pero tenía incluso un rincón para hacer café si uno quisiera. Lejos de tener apetito, se sentó inmóvil y se dio cuenta de que estaba sola. Ahí podría llorar durante más de media hora sin que nadie la molestara. De hecho, una lágrima gruesa brotó de sus ojos, pero no llegó a caer. La limpió con rabia. Ella creía que no era quien debía llorar, porque quien estaba dentro de esa sala no era ella, sino su hijo. Equivocada o no en ese pensamiento, solo estaba ella, que sin darse cuenta, comenzaba a dar pasos en su propia metamorfosis.

Finalmente, le trajeron a su bebé y apenas le pudo dar un poco de agua, le permitieron llevárselo. Al salir, ya era de noche y el último autobús estaba a punto de pasar. Casi la deja en Barcelona porque se olvidó de señalar al conductor que parara. Pero ya estaba hecho. Ya tenía una prueba que consideraría clave para entender lo que le podía estar sucediendo a su niño. Las dos horas de viaje de regreso a casa fueron con el niño profundamente dormido debido a la anestesia, lo que facilitó el regreso mentalmente para su madre. Esa prueba sería un papel más en su carpeta de estudios médicos. Ese día solo sirvió para darse cuenta que meterse en una ciudad que no conocía, de noche y con un bebe que todo le estresaba era de las primeras cosas que sería capaz de hacer en el nuevo mundo que nadie le había presentado aún.

Al mismo tiempo que se realizaban numerosos estudios médicos por pequeños problemas que preocupaban a todos los que rodeaban al pequeño, existían visitas constantes a diferentes hospitales y centros de atención ambulatoria. Uno de los problemas más pronunciados que requerían quizás una atención más urgente debido a las consecuencias que se estaban desarrollando era el estrabismo convergente, el cual era bastante evidente, jamás fue llamativo para ningún pediatra, incluso para el suyo, que tenía en mente jubilarse. El hecho de que el niño no viera correctamente no era un problema que le quitara el sueño a ese señor, por lo tanto, lo llevó a un oftalmólogo del hospital del pueblo en el que vivían. Sin embargo, el niño no quiso abrir los ojos en la cita, cosa que para cualquier persona sería lo normal por el miedo y que fuera tan bebe lo hacía aún más difícil ya que no lograba comprender que no le haria ningun daño esa persona con poca paciencia, por lo decidió derivarlo a uno en un hospital a casi 60 kilómetros de su casa. En ese momento, esa madre pensaba que la razón de esta derivación era la falta de cooperación, sin darse cuenta del favor que le estaban haciendo al no saber que en ese hospital no le darían tantas vueltas para tratar la vista de su niño, de hecho aprendería más que en cualquier otro sitio.

En la visita con el segundo oftalmólogo, al entrar por la puerta y ver al niño, la doctora exclamó: *'Este niño tiene estrabismo debido al retraso madurativo que tiene'*. La madre, sorprendida, respondió: *'¿Cómo? A mí nadie me dijo que tenía nada'*, esa frase ya logró que parte de su espacio mental se ocupara de darle un par de vueltas. La visita continuó su curso, con la dilatación de pupilas correspondiente. Se descubrió que tenía miopía, seguramente algo que era de esperar para esa madre que tenía claro que había cosas que ir encontrando.
Salió de la consulta satisfecha, ya que tenía una fecha para una primera intervención que intentaría corregir la vista de su hijo.

La toxina botulínica sería la responsable de que durante aproximadamente seis meses ese niño tuviera los ojos alineados, colaborando en una visión que se acercaba a una perspectiva tridimensional.

Se levantó a las seis de la mañana para llegar a tiempo a la primera experiencia emocional que tendría lugar en el quirófano con su hijo. Al llegar, el hospital aún parecía vacío, a pesar de que entre sus paredes albergaban historias infantiles dignas de admiración. Les tomaron los datos y al entrar con toda la equipación, sus ojos brillaban de sorpresa y emoción. El lugar que le habían asignado estaba dividido en aproximadamente nueve habitáculos cuadrados, cada uno con el nombre del paciente en la puerta para hacerlo más acogedor. Había una pequeña estantería en el centro del espacio donde los niños podían elegir el juguete que más les gustara para pasar el tiempo en la planta de intervenciones ambulatorias. Ninguno de los que estaban allí pasaría la noche, a menos que algo saliera mal.

Detrás de la estantería, se encontraba un mostrador grande donde las enfermeras tenían todo el equipo necesario para atender tanto los post-operatorios como los pre-operatorios. Eran aproximadamente dos o tres personas las encargadas de cuidar durante unas cuatro horas a todos aquellos que pasaban por allí. Cada cubículo tenía armarios empotrados, un sofá reclinable y una silla para acompañantes. Además, había enchufes para cargar dispositivos, una pequeña mesita y se cerraba con una puerta corrediza semi-transparente.

A los 30 minutos de estar allí, llegó un señor disfrazado de payaso con un ukelele, intentando atraer la atención del pequeñito, pero sin éxito, ya que el niño estaba hambriento y somnoliento. Sin embargo, logró distraer a la madre por unos minutos, alejándola momentáneamente de sus nervios. Luego, entraron cinco anestesistas para preguntar algunos últimos detalles y preparar la entrada al quirófano. Sorprendentemente, sería la madre quien llevaría en brazos al niño, caminando por un pasillo ancho rodeada de médicos sonrientes y la música del ukelele de fondo.

Entraron al quirófano, y con paciencia y dedicación, los médicos le pidieron a la madre que fuera ella quien indujera el sueño de su hijo… ¡Sorpresa! Esto aumentó considerablemente los nervios de la mujer, para quien todo era desconocido en ese momento. El niño, con una bata que le quedaba mucho más grande de lo debido, no estaba nervioso en absoluto, ya que el ambiente se transformó en algo totalmente familiar. La madre sostuvo la máscara de gas, sintiendo miedo y ternura al ponerla en el rostro de su hijo. Mientras escuchaba música y las palabras alentadoras de los anestesistas, el niño intentó zafarse, pero con ayuda, lograron que se quedara quieto.

La madre se acercó al oído del niño y le prometió que todo saldría bien con la voz temblorosa y creyéndose cada una de las palabras que no solo salían de su boca, sino de su corazón. Mientras lo hacía, una doctora le tocó la espalda y le susurró palabras de aliento que lograban que ese momento sea totalmente inolvidable. Finalmente, llegó el momento de acostarlo y darle un beso en la frente antes de que quedara inconsciente en sus brazos. Fue un momento lleno de emociones abrumadoras que chocaban entre sí dentro de la madre, pero se disiparon al sentir que su bebé se había quedado dormido.

Al salir al pasillo, solo la acompañaba el hombre del ukelele, quien la abrazó y le brindó consuelo en forma de bromas y charlas sobre lo bonito que veía él a su niño. Cuando llegó al cubículo, tomó monedas y se fue a comprar un café, tratando de encauzar todas sus emociones en palabras escritas. Una hora después, una doctora llegó para darle la noticia de que todo había salido perfecto y que su hijo estaba en reanimación. Finalmente, llegó el momento de recibirlo en una camilla, sollozando mientras lo sostenía en brazos. Aunque estaba nerviosa, su hijo estaba sano y salvo. El bebé lloró desde que salió del quirófano hasta que salió del hospital, inquietando a otros niños que estaban allí para diferentes tipos de intervenciones.

Al día siguiente, los ojos del niño lucían completamente alineados, como por arte de magia, lo que revitalizó la ferocidad de la madre al haber logrado algo en su hijo que parecía que nadie quería reconocer. Era realmente increíble ver a su hijo por primera vez con una vista recta, casi parecía como si hubiera aprendido a ver en 3D de inmediato. Una mezcla de emociones contradictorias se agitaba en su interior.

Pasaron algunas semanas en las que las revisiones médicas seguían su curso sin nada que realmente llamara la atención ni descolocara a los médicos en la incansable búsqueda de respuestas de su madre. Aunque aún estaban por organizar los objetivos para el niño en el centro de atención temprana, sabía que tenía unos 4 años por delante para trabajar intensamente con él.

Una mañana de la nada recibió una llamada telefónica para programar una cita rutinaria con el endocrino de su hijo. Por un momento, consideró que tal vez no fuera necesario asistir, ya que estaba llevando al niño a terapia y pensaba que los resultados serían los mismos de siempre. En su mente, solo veía el retraso en el desarrollo y ni siquiera consideraba la posibilidad de una patología más profunda. Sin embargo, algo dentro de ella la impulsó a asistir a la cita, ya que había temas médicos que aún debían ser abordados. Esta decisión resultó ser una bendición.

En la consulta, después de hablar sobre su hijo con el médico, este le dijo algo que la dejó atónita: '*Te voy a pedir una cita con genética. Este niño tiene muchas cuestiones que necesitan ser tratadas, lo que podría indicar una patología o varias*'. La madre quedó desconcertada, tanto que no hizo preguntas, no contradijo, apenas pudo lograr entender lo que ese doctor le decía así que volvió a casa asimilando, entendiendo o al menos intentando comprender lo que había sido esa visita y lo que acababa de escuchar. Había dado por sentado que todo lo relacionado con su hijo era simplemente un retraso, sin pensar en la posibilidad de nada genético.

Desde ese día hasta la cita con el genetista, pasaron dos largos meses de incertidumbre. Ella se encontraba llena de preguntas sin respuestas, tanto en su corazón como en su mente, tratando de comprender qué podría estar sucediendo con su hijo y qué tipo de patología o condiciones genéticas podrían estar en juego.

Visitas al médico, importantes y cruciales,
Espera con cariño, con miedos y anhelos.

Sus ojos se posan en el reloj que avanza,
Cada tic-tac le parece una eternidad que cansa,
El tiempo se estira, se retuerce y se alarga,
Mientras la madre aguarda, su paciencia se carga.

En su mente, se cruzan los recuerdos y temores,
Imagina un futuro, lleno de sueños y colores,
Pero también se asoman, sombras de preocupación,
Esperando al médico, busca una solución.

Desea escuchar noticias, buenas y reconfortantes,
Que llenen de esperanza sus días agonizantes.

La despedida

El día en que se despertó para acudir a la cita de valoración genética, marcó el inicio de su despedida de su propia identidad. Sin embargo, en ese momento, ella no tenía ni la menor idea de que se estaba acercando a una transformación profunda.

Cada paso que daba la alejaba de quien solía ser, su esencia parecía evaporarse mientras avanzaba hacia la silla en la que recibiría un golpe directo en el centro de su alma. Su mente estaba perdida en la mirada, en las paredes de aquel pequeño cuarto, y en la confusión que la invadía: '*¿Por qué estoy aquí si esto es genética*?' se preguntaba a sí misma en la sala de espera que parecía interminable. Fue allí donde experimentó el verdadero miedo, sin darse cuenta de que estaba aprendiendo a escuchar las voces más frágiles de su interior.

Intentaba distraerse hablando con su madre, buscando evadirse de las pesadas incógnitas médicas. Aunque el miedo estaba presente, no comprendía del todo lo que le esperaba a solo unos momentos de distancia. La entrada y la salida de esa consulta serían como cruzar un umbral, transformándola de una manera que todavía no podía imaginar.

Llamaron a todos y se sentaron, ella, su madre, su hija y su hijo. La sala se llenó de palabras mientras compartían los detalles que las habían llevado hasta ese lugar.

'No come, no duerme, no se ríe, a veces parece ausente, llora', enumeraban.

Los ojos de ella se fijaban en la doctora con una mezcla de ansiedad y temor, como si estuviera frente a una profesora a punto de dar una calificación negativa. El pánico crecía desde sus pies hasta apretarle el pecho, una agonía interna que la aprisionaba.

La doctora, con delicadeza, hizo que su hijo se sentara en la camilla para comenzar la evaluación física. Desde su silla, ella observaba cada movimiento con atención, aferrándose a la esperanza de oír esas palabras que cambiarían todo: *'Es un retraso madurativo y con esfuerzo, podrán superarlo'*.

'Tórax hundido, baja estatura, cabello rizado, cejas pobladas, boca con forma de tienda de campaña, etc.', las palabras resonaban en su mente mientras observaba las miradas intercambiadas entre las médicas. En ese instante, empezó a comprender lo complejo de la situación que se estaba desarrollando.

Sus ojos se posaban en la doctora mientras vestía a su hijo y se preparaba para recibir el veredicto. Cuando finalmente la doctora habló, las palabras impactaron como un golpe: *'Basándonos en la exploración física, podemos confirmar que el diagnóstico inicial es síndrome de Williams'*.

...

El mundo se para drásticamente.

suspiro ...

Esa frase se grabó en su mente, resonando incesantemente. Después de escuchar la palabra "*síndrome*", todo pareció derrumbarse. Sintió como si hubiera caído en un abismo, sola y desconectada de la maternidad que había estado experimentando.

Miró a su lado y vio a su madre llorando, tratando de recomponerse emocionalmente para hacer preguntas a la doctora. '*¿Será independiente?*', preguntó su madre, buscando respuestas. '*Con suerte y con ayuda, sí*', fue la respuesta que recibió.

'*¿Dijo síndrome?*', era la pregunta constante que se paseaba por su mente, incluso después de salir de la sala. El shock era tan grande y profundo como la puñalada que sentía en su corazón, que entraba lenta e increíblemente dolorosa, llegando hasta el fondo para quedarse allí clavada, haciendo que cada movimiento sea letal.

Podía sentir cómo su alma se erguía frente a ella, diciéndole adiós, desapareciendo en algún rincón de esa habitación. Se sentía vacía por dentro, pronunciando palabras por inercia, su corazón hecho añicos, llegando a causar incluso un dolor físico.

'*Le haremos una analítica para confirmarlo mediante la prueba de ADN y tendrá que volver*', le dijo la doctora. En su mente se formuló la pregunta: '*¿Tengo que volver?*'. Era el inicio de un largo proceso de innumerables regresos.

Salió de allí caminando lentamente, conmocionada. En medio del desconcierto, expresó: '*Por favor, que no me llame nadie, mamá*'. Estaba sumida en un estado de quietud mental en la que a la vez todo chocaba entre sí dentro de su ser. Tomaron el metro y el tren en silencio, salpicado ocasionalmente con charlas esporádicas. Mirando por la ventana del tren, se vio a sí misma, reflejada con tristeza y desorientación, mezcla de enojo y desconsuelo. Luchaba por contener las lágrimas que quería derramar una vez que sus hijos se durmieran. En ese momento, no comprendía realmente lo que le estaba ocurriendo. No se detuvo a considerar que el diagnóstico era para su hijo, no para ella. Pero él seguía como siempre, inalterable.

La vida continuaba para sus hijos que reclamaban a la mama de siempre, esa que no tomo el tren de regreso porque allí en aquella sala se quedó sentada
A pesar de su desconcierto, pasó el resto del día navegando por internet, buscando fotos y experiencias compartidas en la web. Era como si estuviera buscando torturarse a sí misma.
Ese día marcó un antes y un después en su vida, aunque en ese momento no lo percibió de esa manera. La esencia de quién era se desvaneció, sin que ella fuera consciente, dejando espacio para una versión de sí misma quebrantada, completamente diferente de la que había enfrentado la mañana con firmeza y una creencia en su propia fortaleza, independientemente de lo que tuvieran que decirle.
Los niños finalmente se durmieron y ella se recostó en la cama. Su mirada se dirigía al techo mientras las lágrimas brotaban, llevando consigo sus pensamientos más positivos, sus expectativas y su concepción de la maternidad. Lloró como nunca antes lo había hecho, se culpó más de lo que jamás se había culpado.
Abrazándose a sí misma, intentaba disipar el odio que sentía hacia su propia persona, creyendo erróneamente que era su culpa que su hijo tuviera un síndrome que ni siquiera conocía en detalle.
En medio del llanto desesperado y silencioso que se había autoimpuesto, se sintió sola, abandonada por la

vida y por los eventos que habían acontecido. Sintió que estaba predestinada a enfrentar cada uno de los giros que la vida decidiera para ella y sus hijos. La sensación de incapacidad la inundó, se sintió perdida y lo que era peor, no se vislumbraba un reencuentro consigo misma en el horizonte.

Se despidió de su antiguo yo en cada suspiro que se escapaba de sus labios, cortando el flujo del llanto. Se despidió en cada paso que dio en dirección al diagnóstico y de regreso a su hogar. Se despidió en cada suspiro, en cada momento de ese día. Se despidió en aquella sala, en apariencia acogedora pero helada por el giro de los acontecimientos. Aunque había personas a su alrededor, nunca había sentido una soledad tan profunda. Caminaba por el espacio sin poder establecer un firme punto de apoyo, mientras las palabras resonaban en su mente, cambiando todo con su simple pronunciación.

Se despidió de sus hijos, de sus padres, de sus amigos, y de todo lo que conformaba su vida hasta ese momento. El golpe de la vida había caído sobre su hijo, su bebé, sin que ella pudiera intervenir de ninguna manera más que observando desde el margen. No había podido protegerlo, no pudo detener el curso de los acontecimientos y por eso, en ese momento, se despidió de sí misma para dar paso a una nueva versión de su experiencia como madre.

Y lo peor fue que no tuvo tiempo ni conciencia de que estaba cambiando de la manera más brusca. Sin ser consciente, esa parte de ella murió. No hubo ni un beso de despedida, ni un adiós. Solo quedó el dolor profundo, sintiendo cómo su corazón estallaba en mil pedazos que se dispersaron por cualquier lugar donde caían.

Que razón tenía aquel endocrino. Se dio cuenta de que ni siquiera se había percatado de que el edificio en el que le dieron el diagnóstico a su hijo era llamado "enfermedades minoritarias", lo mismo que "enfermedades raras". Un montón de contenedores teñidos de blanco, como si se tratara de un hospital de campaña, estaban allí dentro cambiando la vida de miles de familias, con la mejor de las intenciones.

 Ella nunca había considerado la posibilidad, por muy remota que fuera, de que su hijo pudiera tener un síndrome. En su familia y en su experiencia, nadie había tenido un síndrome, y nunca había estado en contacto con alguien que lo tuviera. Sin embargo, en ese momento, el miedo a lo desconocido se plantó en sus pies y comenzó a trepar lentamente por ella, como una enredadera que crece, llenando todo el espacio posible.

El diagnóstico cruel, como un golpe en la puerta.
Ella, en su mirada incierta,
Deja atrás la maternidad que en sueños intuía.

Se despidió del ayer con sus lágrimas en silencio,
Abrazando al pequeño, su amor, su mayor anhelo.
La maternidad soñada, un sueño despierto,
En su lugar, una nueva historia, un desafío sincero.

Sus ojos brillantes, en su hijo se reflejan,
Un lazo fuerte, tan fuerte que rehace.
Promete en su abrazo, que el amor no se quiebre,
Juntos, enfrentarán lo que la vida les conceda.

La maternidad, un viaje lleno de misterios,
En cada obstáculo, encontrarán nuevos criterios.
En cada sonrisa, en los momentos diarios,
Descubrirán belleza en lo único y extraordinario.

Así, en esta despedida, en este nuevo comienzo,
Ella será la madre, el faro, el sustento.
El amor infinito, su vínculo, su fundamento,
En esta maternidad, serán fuertes y valientes.

Después de ese día en el que madrugó sin imaginarse siquiera que ese día le cambiaría la vida, el rumbo, todo; comenzaba un proceso tan largo como doloroso a partes iguales en el que se enfrentaría con fervor al crecimiento personal más doloroso, a su destrucción y a su renacimiento más profundo y significativo de su ser.

Negación

Sus corazones pueden estar envueltos en un manto de negación. Aceptar la realidad de la situación puede parecer una tarea imposible, y las emociones tumultuosas pueden amenazar con confundirlos. En este punto, puede parecer que el mundo se tambalea y que la negación es su refugio temporal.

Desde mucho antes de tener en sus manos un papel casi indescriptible por la cantidad de datos que contenía, ella se negaba a quién sabe qué. Se aferraba fuertemente a las experiencias ajenas, buscando incluso no encontrar similitudes en su hijo.

Dentro de todos los matices que tiene la fase de la negación, ella no logró resistirse a sentir esperanza en que todo cambiaría por alguna razón u otra. Creer que un síndrome es curable, por así decirlo, es realmente negar un diagnóstico; es negar una evidencia y, por lo tanto, es mentir a uno mismo en la propia cara. A pesar de que es una fase totalmente normal en la escalera emocional, cuando finalmente se supera, la sensación de haber perdido un tiempo increíble será notable.

De boca para afuera, tenía clarísimo que su hijo estaba diagnosticado correctamente. *"Para algo estudiaron los especialistas que lo vieron"*, se defendía de aquellos que estaban en negación antes que ella o al menos no lo disimulaban. Pero por dentro, negaba que todo lo que había vivido meses antes fuera cierto, negaba que esto estuviera realmente pasando, negaba sentir todo lo que estaba experimentando.

Aún le quedaba regresar, para "seguir metiendo el dedo en la llaga", decía ella con tonos de humor, como una forma de esconder el miedo que se había abrazado a sus pies. Se mostraba decidida, segura de todo, y creía que de ahí saldría con la superación de quien gana una carrera, lista para comenzar una "nueva vida", una que ya estaba viviendo pero a la que aún no había puesto un nombre ni un apellido.

En la segunda valoración, cuando le entregaron una carpeta completa de papeles con el diagnóstico que acompañaría a su hijo de por vida, ella albergaba una pequeña esperanza, casi imperceptible y subconsciente pero firme. Fue decir: *'tiene síndrome de Williams'* y sintió que su torre de naipes se derrumbaba. A pesar de haber recibido la información en la valoración física anterior, había algo en su interior que aguardaba una frase como *'fue un error, en realidad sospechábamos, pero no es más que un retraso en el desarrollo'*. Aunque esta idea se mantenía ingenuamente de pie, su lado más realista se preparaba para las palabras que la herirían de la forma más cruel posible.

En cuestión de minutos, alguien que apenas conocía la golpeó sin usar las manos y mucho menos con intención. A pesar de tener ese papel en mano, sentía que su hijo no lo tendría, él sería una excepción mínima al síndrome en todo caso. En algún rincón de su mente, algo le decía que su hijo estaría a salvo de eso, de alguna manera…

Sin darle tregua ni un solo día para levantarse de la cama y enfrentar un nuevo día, sin permitirse un solo pensamiento libre o amable hacia sí misma. La tormenta de emociones llegaba de manera fugaz e intensa, más abrumadora de lo que jamás habría imaginado enfrentar sola.

Comprendió que la negación había pasado por su vida cuando esa tormenta de emociones ya se estaba desvaneciendo, alejándose para recolocarse y transformarse en otro escalón del proceso de duelo.

'No es posible, ni en términos de salud ni en ninguna otra área. ¿Por qué? Si he intentado hacer todo bien en mi vida, tanto para mí como para los demás, ¿por qué no funciona? ¿Por qué...?'.

Esos pensamientos resonaban en ella día tras día, hora tras hora, en cada instante mientras asumía su papel de madre con la compañía constante de la inercia. Le prestó más atención a una negación que no sabía por qué no la dejaba en paz.

Se resistía a la idea de que no podría disfrutar plenamente de su hijo, de sus sonrisas y de su afán por avanzar día tras día. Tampoco podría permitirse que su hija, con tan solo dos años, se quedara a esperar pasivamente a que la tormenta pasara. En lugar de eso, sería una parte activa de todo el proceso, experimentando, compartiendo, necesitando, dando, deseando y hasta odiando en conjunto.

Desde el primer escalón, la devastación la envolvía. El miedo era una niebla densa que le impedía ver con claridad lo que debía hacer como madre, como mujer. Esta fase se entrelazaba con otras en su proceso de duelo, sin importar si resultaba en más o menos destrucción, simplemente estaba ahí.

A cada momento significativo, digno de quedar plasmado en un álbum de recuerdos, la negación se presentaba. No importaba si el momento era bueno o malo, ella se rehusaba a aceptar la realidad que estaba viviendo, porque era una realidad que estaba sucediendo. Externamente, trataba de convencer a todos de que su hijo tenía un síndrome, pero en su interior, persistía una duda. Quizás no lo era como le habían dicho, ya que ni siquiera había acogido la palabra "discapacidad" en su vida. Intentaba enmascararla con sinónimos que consideraba menos pesados, tratando de que sonara menos trágico. Sin embargo, por más que lo intentara, sabía que la verdad seguía siendo abrumadora.

Aunque había crecido viendo algunas personas con discapacidad en su vecindario, la palabra en sí no tenía un lugar sólido en su vida. A pesar de esa familiaridad, la discapacidad nunca había tocado a su puerta de manera tan íntima. No se negaba tanto al diagnóstico como a la nueva realidad que se presentaba, un cambio brusco que llegaba sin aviso ni anestesia. Su resistencia estaba en no criar a sus dos hijos de la misma manera que había visualizado en su dualidad como madre.

Intentaba encontrar historias similares de éxito y superación que pudieran aplicarse a su situación. Buscaba patrones y similitudes en las experiencias de otras familias con diagnósticos similares, tratando de encontrar argumentos que desafiaran la certeza del diagnóstico de su hijo.

Estaba decidida a aferrarse a la normalidad. Miraba a su hijo, quien jugaba con sus juguetes o al menos hacía el intento ya que el pequeño solo quería golpearlos o mirarlos muy de cerca o desde diferentes perspectivas, aparentemente sin preocupaciones. Su mente se negaba a aceptar la verdad. Cada vez que los pensamientos sobre el síndrome de su hijo la asaltaban, los rechazaba con firmeza. "*No voy a dejar que esto afecte su vida*", se decía a sí misma. Observaba a su hijo reír, como siempre lo hacía, y se convencía de que todo era distinto en realidad. Los médicos habían hablado de tratamientos y terapias, pero ella se negaba a considerarlos de la manera exagerada que ella creía que se lo decían. Creía que su amor y cuidado eran suficientes para superar cualquier obstáculo.

Mientras su hijo seguía jugando, ella se sumía en la ilusión de que el síndrome o los efectos de este realmente era solo una fase temporal, un malentendido con la vida que eventualmente se aclararía. Mantuvo una fachada de optimismo, tratando de ocultar sus lágrimas y miedos. No podía hablar de la condición ni de las decisiones difíciles que se avecinaban. Prefería ignorarla, como si negándose pudiera hacerla desaparecer por arte de magia. Pero en lo más profundo de su corazón, sabía que la negación no era la solución. Con el tiempo, tendría que enfrentar la realidad y buscar el apoyo necesario para guiar a su hijo a través de esta difícil travesía. Aunque en ese momento se aferraba a la normalidad, sabía que el camino hacia la aceptación y la búsqueda de tratamientos sería inevitable, aunque doloroso.

Esta etapa no estaba exenta de escenarios donde la tristeza se hacía la protagonista. Se debatía internamente entre aceptar la realidad y aferrarse a la esperanza de que algo cambiaría. Sentía cómo la incertidumbre y el miedo se daban la mano con su voluntad de mantener un semblante positivo. Aunque había avanzado en el proceso, la negación seguía siendo su refugio temporal, un lugar donde podía protegerse momentáneamente de la tormenta emocional que la rodeaba.

Era una lucha constante entre lo que quería creer y lo que sabía que era cierto. A medida que el proceso avanzaba, esa lucha comenzaba a dejar fisuras en su determinación.

Las grietas en su fortaleza se hacían cada vez más evidentes, aunque ella seguía esforzándose por mantenerse firme en su búsqueda de respuestas y en su lucha por encontrar una realidad que le permitiera aferrarse a la esperanza.

A medida que las semanas avanzaban y la fase de negación continuaba, ella comenzaba a darse cuenta de que su resistencia ante la realidad no podía mantenerse de manera indefinida. Las señales del diagnóstico y las evidencias de las necesidades de su hijo eran cada vez más evidentes, y aunque su mente luchaba por rechazarlo, su corazón empezaba a aceptar gradualmente la verdad.

En su interior, empezaba a aflorar un sentimiento de agotamiento emocional. Las constantes idas y venidas entre la negación y la aceptación estaban desgastando su energía y su bienestar mental. A pesar de sus esfuerzos por buscar historias positivas y escenarios optimistas, las dificultades reales de la situación empezaban a manifestarse en su día a día. Las visitas médicas, las terapias y las demandas del cuidado de su hijo la confrontaban con una realidad que ya no podía negar por completo.

Una mañana se encontraba en la cocina de su casa, mirando fijamente por la ventana mientras el agua hervía. El aroma del mate recién preparado llenaba la habitación, pero su mente estaba en otro lugar. Habían pasado apenas unas semanas desde que el médico le dio la noticia.

Esa mañana, como todas las demás, ella preparaba alguna cosa que su hijo quisiera comer. Él estaba sentado en el suelo, jugando con sus juguetes favoritos mientras esperaba ansiosamente su biberón de leche fría y las galletas. La mirada de ella se perdía en la neblina que cubría el parking que veía desde la ventana del salón, y sus pensamientos estaban llenos de preguntas sin respuesta.

"¿Por qué él?", se preguntaba una y otra vez. "¿Cómo puede ser que mi pequeño tenga síndrome de Williams?".

Su hijo, ajeno a los tormentosos pensamientos de su madre, seguía jugando con sus bloques de construcción. Ella observó cómo organizaba meticulosamente los bloques en filas y columnas por colores, una rutina que había desarrollado en los últimos meses.
El sonido del mate burbujeando la hizo volver a la realidad. Ella siguió pensando en lo que el médico le había dicho. *"Es posible que él enfrente desafíos diarios en su desarrollo"*, esas palabras se repetían una y otra vez en su cabeza. Se aferraba a la negación como un escudo protector. Mientras se cebaba un mate, intentó sonreír a su hijo. *"Buenos días, mi amor"*, le dijo con ternura. Su hijo levantó la vista y le sonrió de vuelta, pero sus ojos seguían enfocados en sus bloques de construcción.
Ella sabía que tenía que enfrentar la realidad, pero por el momento, seguía aferrándose a la esperanza de que todo fuera una pesadilla pasajera. Tomó un sorbo de mate y se prometió a sí misma que haría todo lo posible para ayudar a su hijo a superar este desafío si lograba sortear el terremoto de emociones que venían en camino.

A medida que pasaban los días, ella intentaba mantener una sensación de normalidad en su hogar. Hacía las tareas cotidianas, cocinaba, y llevaba a su otra hija a la escuela, todo mientras trataba de evitar pensar en el diagnóstico de su hijo. A menudo, se encontraba desviando su mente hacia actividades triviales, como mirar la televisión o leer un libro, para evitar enfrentar la dura realidad. En su búsqueda desesperada de negar la verdad, decidió buscar una segunda, tercera y cuarta opinión médica. Cada vez, esperaba ansiosamente escuchar a un médico decir que todo era un error. Pero la realidad seguía siendo implacable, y las opiniones convergían en el diagnóstico original por eso cada mañana, al despertar, ella experimentaba un breve momento de alivio, convencida de que todo había sido solo un mal sueño. Pero cuando la realidad volvía a golpearla, la sensación de incredulidad regresaba con fuerza, y se daba cuenta de que no podía escapar de la dura verdad.

La etapa que vivía se caracterizaba por momentos de lucidez intercalados con momentos de resistencia persistente. A medida que se aproximaba a la fase final del proceso de negación, comenzaba a experimentar una sensación de rendición ante la verdad. Aunque su mente seguía luchando, su corazón comenzaba a comprender que negar la realidad no cambiaría los hechos. Aceptar la situación se volvía inevitable, aunque no por eso menos doloroso. Esta transición marcaba un hito en su proceso emocional. La fase de negación estaba llegando a su fin, y la próxima etapa de su viaje emocional la llevaría a explorar nuevas formas de afrontar la realidad. Con el tiempo, se daría cuenta de que enfrentar y abrazar la verdad sería el primer paso hacia la construcción de una vida significativa y plena junto a su hijo. Aunque el camino aún sería desafiante, esta madre estaba en camino de encontrar la fortaleza interior necesaria para navegar por los altibajos que le deparaba el futuro.

En la sombra de su mente, oculta y frágil flor,
La negación crece, negando el cruel dolor,
Se aferra a la esperanza, a un mundo sin temor,
Donde su niño es inmune, donde el sufrir es un error.

Los ojos que no quieren ver, el corazón cerrado,
En este trance de ilusiones, se siente atrapada,
La negación la abraza, como un manto dorado,
En un rincón oscuro, su verdad ha quedado.

La verdad es un abismo, al que no quiere saltar,
Prefiere esta ilusión, que la hace soñar,
Que su hijo está sano, que no va a titubear,
Negando el diagnóstico, en la negación quiere habitar.

En este mundo de sombras, donde la realidad no es dueña,
Se aferra a la negación, a una quimera pequeña,
No importa lo que digan, las palabras que la envenenan,
Su hijo es su refugio, en esta negación se condena.

Pero sabe que esta fase, un día ha de ceder,
Y en la negación profunda, ya no podrá permanecer,
Pues el tiempo y la verdad, le harán entender,
Que solo en la aceptación, la sanación podrá ver.

Enojo

Durante varios meses, se envolvió en una capa ficticia de acero, creyendo que así podría evitar que cualquier cosa del exterior penetrara en su interior. Quería creer que nada de lo que estaba fuera de su control podría afectarla, o al menos eso intentaba convencerse a sí misma. Surgió una sensación de ira profunda hacia la vida misma. No podía entender por qué su hijo debía enfrentar esta situación, cuando ni siquiera había tenido tiempo para vivir la vida plenamente. Preguntas como "*¿Qué hizo él para merecer esto si ni siquiera tuvo tiempo para hacer algo malo?*" o "*¿Es algún tipo de karma?*" se repetían en su mente, mostrando la frustración y el dolor que sentía.

 Estaba sentada en la fría sala de espera del hospital, mirando fijamente la puerta que separaba a su hijo de los médicos. Habían pasado horas desde que llegaron, y la incertidumbre la estaba consumiendo. El enojo se apoderó de ella. Enojo hacia el sistema de atención médica que parecía moverse a paso de tortuga. Observó todo a su alrededor, a las familias, el sitio en el que se encontraban, a su hijo jugar con unos libros con sonidos de animales en la esquina de la sala. Él no entendía lo que estaba sucediendo, pero podía sentir la tensión en el aire. En su inocencia, le sonrió a su madre, esperando una respuesta reconfortante que ella no podía darle en ese momento. Sus pensamientos se volvieron turbios, y comenzó a cuestionar por qué habían tenido que esperar tanto tiempo para obtener respuestas. La falta de información y la sensación de impotencia la llenaron de enojo. Quería lo mejor para su hijo, y cada minuto de demora la hacía sentirse más desamparada. Finalmente, la puerta se abrió, y un médico se acercó a ella con una expresión seria en el rostro para comentarle todos los especialistas médicos que tendrían que acompañar a su hijo de por vida. Ella se preguntó por qué no pudieron haber llegado a este punto antes, evitando días de preocupación y enfado. A medida que el médico continuaba hablando, tratando de responder a sus preguntas, ella luchó por controlar su enojo y mantenerse enfocada en las necesidades de su hijo. Fruncir el ceño era lo que más había comenzado a hacer cada día, con más intensidad.

Su enojo también se extendió a su entorno cercano, a pesar de que ellos solo tenían la intención de ofrecer apoyo con el amor y los recursos que tenían a su alcance. Sin embargo, su mente interpretaba cada consejo, cada intento de ayuda, como un ataque personal, como si la culparan por todo lo que estaba sucediendo. Se sentía juzgada, incomprendida y herida.
Se encontraba en una reunión social, rodeada de amigos y familiares, pero se sentía completamente aislada en medio de la multitud. A pesar de las sonrisas forzadas y las conversaciones triviales, el enojo bullía en su interior, encolerizado por la falta de comprensión y apoyo que experimentaba por parte de las personas ajenas a su situación. Mientras escuchaba a alguien contar historias sobre las travesuras de sus hijos, ella no podía evitar sentir una punzada de enojo y tristeza. *¿Por qué la vida de su hijo tenía que ser tan diferente*? A medida que otros compartían sus éxitos y alegrías, el enojo crecía, llevándola a preguntarse por qué no podía tener esas

mismas experiencias sin las complejidades y desafíos que su hijo enfrentaba.

Cuando alguien, sin darse cuenta, hizo un comentario insensible acerca de la crianza de los niños, el enojo se disparó. Sus emociones se agitaron, y tuvo que esforzarse por mantener la calma y no responder impulsivamente. No era fácil lidiar con la falta de empatía y comprensión de quienes la rodeaban. Ella sabía que la mayoría de las personas no podían comprender completamente la realidad de su vida, pero eso no disminuía el enojo que sentía. A medida que la noche avanzaba, ella anhelaba el consuelo y la comprensión que solo podía encontrar en el cálido abrazo de sus hijos, quienes, a pesar de sus desafíos, seguirán siendo su fuente de amor.

En medio de este torbellino emocional, comenzó a dudar de su propia capacidad como madre. Cada consejo bien intencionado se convertía en una crítica que amplificaba su enojo. Su dignidad, que antes estaba firme, comenzó a resquebrajarse. El camino que había tomado desde el día del diagnóstico había dejado cicatrices en su confianza y autoestima, y esos pedazos rotos parecían imposibles de unir. A pesar de su fachada de acero y su enojo ardiente, la verdadera esencia de ella quedaba en segundo plano. La lucha constante entre su ira y su identidad la mantenía atrapada en un ciclo de dolor y confusión.

En este proceso, ella se encontró luchando con una emoción cegadora: el enojo. Este sentimiento se había infiltrado en su vida de maneras que nunca hubiera imaginado. A veces, era como un incendio que quemaba todo a su paso, y otras veces, era un nudo en su garganta que no la dejaba respirar. Se había convertido en su compañero constante, uno que no podía evitar. También se dirigía hacia su propio hijo en momentos de frustración.

Se enojaba consigo misma por sentirse así, por no poder controlar sus emociones y por no ser la madre que imaginó que sería. Este sentimiento de ira y frustración era como una tormenta interna que la consumía y la dejaba exhausta.

A pesar de sus esfuerzos por controlar el enojo, a veces sentía que era incontrolable. Se daba cuenta de que no estaba enojada realmente con su hijo, sino con la situación, con la falta de respuestas, con la incertidumbre que la rodeaba. Sin embargo, reconocer esto no siempre aliviaba su enojo, porque seguía sintiendo que estaba luchando contra algo que estaba más allá de su control. La había llevado a aislarse en ciertos momentos. Se alejaba de las personas y situaciones que podrían desencadenar su ira, tratando de protegerse a sí misma y a los demás. Se enojaba consigo misma por no poder lidiar con su enojo de manera más efectiva.

...

Se encontraba sola en la tranquilidad de su habitación, los rayos del sol se filtraban a través de las cortinas entreabiertas, iluminando las fotografías de sus hijos en la mesita de noche. En ese momento de soledad, los pensamientos atormentadores se hicieron con ella, y el enojo se convirtió en un pesar agotador. Se miró al espejo y vio los ojos enrojecidos y la expresión cansada en su rostro. Se culpaba a sí misma por no haber visto las señales más evidentes, por no haber buscado más respuestas. Las lágrimas comenzaron a caer mientras el enojo se dirigía hacia su propio ser.

"*¿Podría haber hecho algo para evitar esto?*", se preguntaba constantemente. Sentía que debía cargar con la culpa de la situación, como si hubiera fallado en

proteger a su hijo. La tristeza y el enojo hacia sí misma se abrazaba en una mezcla de emociones que la consumía.
 Ella sabía que era un camino autodestructivo, pero no podía evitar culparse a sí misma, incluso cuando la razón le decía que el diagnóstico de su hijo no era su culpa. En ese momento oscuro y doloroso, solo podía esperar que, con el tiempo, encontraría la fuerza para perdonarse a sí misma. Había tenido una vida planificada y llena de expectativas antes de que llegara el diagnóstico. Sueños de cómo sería la crianza de su hijo, las experiencias compartidas y los hitos que aplaudirían juntos. Pero todo eso cambió en un instante y el enojo creció a medida que pensaba en cómo su vida había tomado un rumbo inesperado. Las metas y sueños que tenía para su familia se desmoronaban, y en su lugar, se encontraba lidiando con terapias, visitas médicas constantes y una sensación de incertidumbre constante. Se preguntaba por qué a su familia le había tocado vivir esta situación. La frustración la invadía, y el enojo se dirigía hacia las circunstancias que parecían injustas. Se sentía como si hubiera sido traicionada por la vida, y luchaba por aceptar la nueva realidad que se había presentado. Se recompuso y se dirigió a la cocina que estaba iluminada por la suave luz de la mañana. Se encontraba de pie junto a la encimera, preparando el desayuno. Su mirada estaba perdida mientras preparaba un biberón de leche bien fría, como le gustaba a su hijo.
El entró gateando alegremente en la cocina. Su rostro irradiaba alegría y entusiasmo. El niño sonrió y balbuceó como si estuviera diciendo: "¡*Buenos días, mamá! ¿Qué hay de desayuno hoy*?"
Se sobresaltó al escuchar la voz de su hijo. Sus ojos se llenaron de lágrimas, pero parpadeó rápidamente para contenerlas. Se esforzó por mantener la compostura. Carraspeando, lo miró y dijo: "*Buenos días, amor. Hoy la*

leche es como a ti más te gusta, fría y sin colacao".
Parecía como si su niño se diera cuenta de la tensión que había en esas palabras. Se acercó a su mamá como pudo, ya que estaba en proceso de aprender a caminar hace poco, y le miró a los ojos profundamente. Ella tomó un largo y lento suspiro y se volvió hacia su niño. Sus ojos se llenaron de tristeza mientras luchaba por encontrar las palabras adecuadas.

Ella, con voz temblorosa, dijo: "*Mi vida, ¿qué pasa? ¿Quieres darle un beso a mamá?*", el niño se acercó a su madre y le tocó la mano con ternura. Se sentía como si su niño le estuviera diciendo si el enfado que ella tenía era con él por haber hecho alguna cosa. Él era un niño tan sensible que con los ojos lograba comunicar eso que deseaba. Ella sintió su corazón romperse al creer que su hijo se daría cuenta de su estado mental. Se agachó y lo abrazó con fuerza, con lágrimas en los ojos, dijo: "*Oh, mi niño, no estoy enojada contigo... Estoy enojada... Estoy enojada con el mundo por hacerte pasar por todo esto.*" Se abrazaron, sintiendo su amor y su dolor. Ambos permanecieron abrazados durante un momento, encontrando consuelo en el calor del otro.
Ella se acercó a su oído, dudando de si su hijo entendería lo que iba a decirle, y susurró:

"*Te amo más de lo que las palabras pueden expresar.*"

A medida que esta fase de enojo se prolongaba, ella comenzaba a darse cuenta de lo agotadora que era. Aunque el enojo le proporcionaba una salida temporal para sus emociones, también la dejaba sintiéndose vacía y desgastada.
A pesar de lo difícil que era, esta fase de enojo también la estaba empujando a explorar más profundamente sus emociones.

Estaba experimentando un proceso gradual de enojo que corroía su corazón. Cada vez que reflexionaba sobre la situación, sentía que su cuerpo se resquebrajaba internamente en una mezcla de ira que dejaba espacio a la tristeza más profunda.

La rabia crecía hacia cada sala de hospital que pisaba, cada pequeña sala de espera donde se sentía desplazada, como si no perteneciera allí. Un ceño fruncido se había convertido en parte de su expresión facial, pensando que al enojarse más, saldría de allí más rápido, que los asuntos de salud de su niño se resolverían de manera más eficiente y que podría regresar a su vida normal, aunque careciera de lo especial, al menos no estaba acompañada por el intenso dolor que ahora ocupaba su corazón.

Su enojo se dirigía a la sociedad también, por las miradas de desconcierto que su hijo recibía debido a su estrabismo. Se enfrentaba a muchas personas con la pregunta exasperada: "*¿Tiene monos en la cara?*" Tal vez, al principio, podría haber experimentado algún tipo de alivio al expresar su enojo, pero se daba cuenta de que a largo plazo, esto solo la haría sentir peor. No podía controlar las reacciones de los demás ni cambiar la actitud de toda una sociedad, y tal vez su intención no era herir a su hijo.

Incluso se enojaba con la discapacidad misma, aunque aún no le había dado un nombre concreto. Este enojo se volcaba hacia su hijo en forma de presión, como si él pudiera resolverlo todo simplemente intentándolo. "*Hazlo, hijo, por favor, no es tan difícil. Solo tienes que intentarlo, y tú no quieres intentarlo*", solía pensar. Pero su niño estaba pagando el precio de su enojo, siendo empujado a aprender algo de una manera que quizás no fuera la adecuada para él. Igualmente, su hijo seguía brindándole sonrisas llenas de energía positiva, algo que ella sentía que no merecía y, tristemente, no lograba apreciar.

En las tardes, en soledad, se sentaba en su sala e intentaba una y otra vez que su hijo diera sus primeros pasos fluidos. Todos esos intentos no funcionaban al ritmo que ella creía que sucedería, o mejor dicho, que deseaba. No cesaba; cada día la veías ahí, intentando que él quisiera soltarse del sofá y dar sus primeros pasos por sí solo. Lo intentaba con pan, agua, leche y todo lo que creía que haría mover los pies de su hijo del suelo. Evidentemente, eso no la enojaba, pero despertaba en ella una especie de rabia contra el tiempo, porque sentía que se le venía encima. Incluso llegó a plantearse que quizás él nunca caminaría. Además de la presión que ella misma se imponía, estaba la presión que los profesionales añadían a su ya pesada carga logrando que cada día, su enojo se volviera hacia sí misma. Al despertar, se resistía a ver la realidad tal como era. Estaba consumiendo su energía y debilitando su mente más rápido de lo que hubiera imaginado. ¿Previsto por quién? Por ella misma.

No hay nada más doloroso en la vida que atribuirle la culpa a alguien o algo que en realidad no la merece, especialmente cuando se está tratando de encontrar un culpable. Ella culpaba al progenitor de cada cosa que le salía mal, incluso después de su separación, ese pensamiento era como un veneno que se infiltraba en su mente a diario. "*Me quería tan poco que logró crear esto en mi hijo*", llegó a murmurar mientras estaba sentada en la ducha, exhausta de tanto llorar.

¡Ya es suficiente! El resto de las personas no son responsables de esto y, con el tiempo, comprenderá que tal vez, aunque ahora pueda parecer increíble, no hay culpables en esta situación.

Un huracán de emociones que al corazón acoge.
La ira se apodera, el alma se resiente,
Al recibir noticias que son tristes y urgentes.

Enojo con la vida, con un destino incierto,
Con cada injusticia que parece un desierto.
El diagnóstico duele, se siente como un golpe,
El enojo arde en el pecho, como brasa que arde y no se apaga.

¿Por qué a mí?, se pregunta en silencio el corazón,
Buscando respuestas en medio de la confusión.
Se rompen las promesas de un futuro ideal,
El enojo es la llama que quema, sin piedad.

Pero el enojo es solo una etapa en el camino,
Una emoción que muestra que estás vivo.
Con el tiempo se calma, da paso a la aceptación,
Y en el duelo, el enojo se desvanece en el horizonte

Negociación

Cuando la noticia del diagnóstico se ha asentado y las emociones iniciales empiezan a ceder, te encuentras en un lugar donde la necesidad de comprender y afrontar la nueva realidad se vuelve apremiante.
Es aquí donde los padres se embarcan en un viaje interno, tratando de encontrar un equilibrio entre la aceptación de lo que es y la búsqueda incansable de soluciones, respuestas y esperanza. La negociación es un punto de inflexión en la travesía emocional después de un diagnóstico desafiante para un hijo.

Creyó que había llegado a aceptar la realidad, que finalmente estaba lidiando con el problema de su hijo, pero se dio cuenta de que esa aceptación había sido más superficial de lo que pensaba.
Durante meses, caminó bajo la lluvia, enfrentando las cuestas empinadas ya que le hacía sentir bien aferrarse a la idea de que las terapias podrían hacer desvanecer cualquier retraso intelectual que le impidiera a su hijo interactuar plenamente con el mundo. Sin embargo, con el tiempo, parecía que él se alejaba un poco más cada día. La angustia le apretaba la garganta cuando los profesionales le marcaban objetivos que parecían distantes de lo que ella había esperado. Pasar de un terapeuta a otro le generaba pensamientos como *"con la fisioterapeuta superará el retraso motor"*, *"con el logopeda comenzará a hablar"* o *"con su terapeuta podrá entender y esto será solo una anécdota de superación en nuestro*

pasado". Aún conservaba la esperanza de que podría vencer la discapacidad. Todo esto en esta etapa del duelo lograba que la negociación y la negación estuvieran paseando de la mano a cada rato dentro de su mente.

Se sentía abrumada por la búsqueda constante de soluciones mágicas, buscando en los médicos algo que pudiera darle a su hijo lo que necesitaba y evitar los problemas de salud asociados al síndrome de Williams. Ella se sintió como una auténtica mujer de negocios, dispuesta a enfrentar a la vida con determinación. Llegó a creer que, de alguna manera, podría captar la atención de la vida y que finalmente prestaría atención a su doloroso proceso de duelo. Pero la vida, en su giro insensible, pareció girarse y alejarse, dejándola sola con sus sentimientos por un largo tiempo.

Negoció con el mundo de la medicina sin darse cuenta de la ironía de la situación, al llevar a su hijo a tantos hospitales buscando soluciones para algo que ni siquiera se trataba de una enfermedad. Sin embargo, se dio cuenta de que había descuidado negociar consigo misma. No se propuso ningún plan, ninguna estrategia para salir del oscuro abismo en el que se encontraba. Parecía que no tenía nada por lo que negociar, o tal vez estaba tan perdida que simplemente no le importaba mejorar su situación.

En esta fase, todo parecía más manejable, como cuando había enfrentado la sala de un tribunal para negociar la custodia de sus hijos con una serie de personas vestidas de traje. Recordaba esos momentos de tensión con los pies temblando y el corazón apretado por el miedo. Se convencía a sí misma de que, de alguna manera, lograría superar esos desafíos también. Sin embargo, había subestimado la complejidad del proceso que enfrentaba.

Había internalizado la idea de que ella podía controlar la situación, creyendo que era su responsabilidad resolver el retraso en el desarrollo de su hijo. Más terapias, más médicos y todo estaría resuelto, pensaba ingenuamente. No entendía por qué otras familias no seguían el mismo camino. En su mente, tejía una narrativa que la complacía, que la hacía sentir que tenía el poder de resolverlo todo. Pero esa narrativa era solo una ilusión que se iba fortaleciendo día a día, presionando a su hijo y socavando su capacidad real.

Una de las tantas tardes que pasaba reflexionando al cuidado de sus hijos transcurría serena, y la luz del sol se filtraba a través de las persianas, creando una atmósfera acogedora en la sala de estar.
Reflexionaba sobre la necesidad de negociar con la familia y los amigos para obtener el apoyo que tanto necesitaban. La noticia del diagnóstico de su hijo había sacudido a todos en su círculo cercano, y ahora era el momento de establecer las bases de la red de apoyo que necesitaban. Decidió que era importante comunicar sus necesidades y expectativas claramente. Sabía que algunos familiares y amigos podrían estar ansiosos por ofrecer ayuda, pero tal vez no sabían cómo hacerlo de la manera más útil. También entendía que, en ocasiones, las personas podrían tener buenas intenciones pero necesitaban indicaciones específicas, un mínimo de información más personalizada sobre el pequeño. Quería que todos estuvieran en la misma página y se sintieran cómodos apoyando. Esto incluía explicar las necesidades médicas de su hijo, sus horarios de citas y terapias, y la importancia de mantener un entorno tranquilo y estructurado en casa. Al final, se dio cuenta de que, al abrir líneas claras de comunicación con su familia y

amigos, podría construir un sistema de apoyo sólido que ayudaría a su hijo a prosperar y a ella a sobrellevar las cargas emocionales y logísticas.

Asistía a terapia dos veces por semana, manteniendo la esperanza de que la frecuencia aumentaría, e incluso considerando la posibilidad de acudir todos los días. Sin embargo, llegó un momento en el que su terapeuta le advirtió: "*Más días solo harán que él se sienta estresado incluso al ver el edificio de lejos. No sería bueno para él.*". A pesar de este consejo, sintió frustración una vez más debido a la situación. Además, los recursos económicos no estaban a su disposición, y se sentía atrapada en el proceso de aprendizaje de su hijo. En esa etapa, ella se encontraba atrapada en pensamientos como: "*¿Y si hubiera actuado de manera diferente?*", "*¿Y si hubiera notado los síntomas antes?*" o "*¿Qué puedo hacer para arreglar esto?*". No había respuestas que pudieran ofrecerle claridad sobre cómo habrían sido las cosas si hubiera abordado esas preguntas en una etapa anterior. El silencio interno se volvió abrumador y angustiante.
En lugar de negociar consigo misma, ella deseaba negociar con todo lo que giraba en torno a ellos, otorgando inconscientemente el poder y la autoridad para determinar la vida y el pronóstico de su hijo a factores externos, en lugar de enfrentarlos directamente. Debería haber buscado una manera de negociar consigo misma, buscar una salida, una alternativa, una pausa o incluso una tregua.
Sintió una satisfacción momentánea cada vez que incorporaron un nuevo especialista al equipo, creyendo que esa sería la solución para la discapacidad. Sin embargo, sin percatarse, se estaba adentrando en la depresión más profunda que había enfrentado. Su

proceso de duelo parecía una escalera interminable con escalones cada vez más altos.

La fase de negociación fue una de las etapas en las que más se engañó a sí misma, creyendo que podía manipular la situación a su favor y hacer creer a los demás que todo estaba bajo control. Pero, en realidad, su colisión con la realidad estaba destinada a ser tan impactante que los daños emocionales que causaría permanecerán en su alma por mucho más tiempo del que cualquiera podría anticipar.

Hubo un día en el que estaba sola en la habitación, sentada en una silla junto a la ventana. Afuera, la lluvia caía suavemente, como si el cielo también compartiera su pesar. En sus manos sostenía una taza de té que ya estaba frío y con el sobre casi deshecho dentro de el líquido, pero eso era lo último en lo que pensaba en ese momento.

El diagnóstico había dado la vuelta a su mundo por completo. Las lágrimas habían sido derramadas, la tristeza había sido abrazada, y ahora estaba en la etapa de la negociación consigo misma. Se preguntaba si había algo que pudiera haber hecho de manera diferente, si había alguna manera de cambiar las circunstancias. Repasó mentalmente todas las conversaciones con los médicos, todas las investigaciones que había hecho sobre el síndrome, y todas las noches en vela buscando respuestas en línea. Se preguntaba si podría haber actuado más rápido, si podría haber evitado que su hijo pasara por esto.

Sus pensamientos se convirtieron en un torbellino de "y sí" y "¿qué pasa si...", pero en su interior sabía que la respuesta era siempre la misma: el Síndrome de Williams era una realidad que no podía cambiar. Pero eso no impedía que su mente intentara negociar con la situación, buscando una salida, una solución mágica que aliviaría el dolor y las preocupaciones.

Dejó escapar un suspiro profundo y cerró los ojos. Comprendió que no había forma de negociar con una condición médica, no había trato que pudiera hacer para cambiar el diagnóstico. Lo único que podía hacer era aceptar la realidad y encontrar la fuerza para enfrentar lo que venía.

Mientras la lluvia continuaba suave afuera, se prometió a sí misma que estaría allí para su hijo, sin importar las dificultades. La negociación interna había llegado a su fin o eso creía porque realmente se paseaba por su pensar cada tanto tiempo, y las ganas de ser la mejor madre posible para su hijo se habían fortalecido en su corazón.

Así como alguien se mete en la cama con los pies descalzos y siente el frío de las sábanas, de la misma manera ella ingresó en la siguiente fase, experimentando cada emoción que la destruiría por completo en los próximos años.

Un intento desesperado, un eco que enmudece.
Queremos cambiar lo inmutable, reescribir la historia,
Hacer un trato con la vida, escapar de la memoria.

Prometemos y suplicamos en silencio al destino,
Buscando un camino distinto, un cambio repentino.
Preguntamos al universo, al porqué y al cómo,
Negociamos con la vida, en cada suspiro y ruego.

Queremos proteger a nuestro hijo, evitar su sufrir,
Pero la realidad no se negocia, no se puede mentir.
Con el tiempo entendemos, aceptamos la verdad,
Abrimos el corazón a la singularidad.

Depresión

La depresión puede ser la tormenta más oscura, pero también es el crisol donde forjamos la resiliencia que nos llevará a la luz.

Ella experimentó una súbita inmersión en la tristeza absoluta en medio de un día lluvioso mientras caminaba en dirección a un hospital para un control rutinario. Observando a la gente esperar el tren, bostezar, charlar entre ellos, y prepararse para el trabajo, sintió que esas gotas de lluvia eran las lágrimas que aún le faltaban por derramar, como un aviso silencioso de lo que estaba por venir, sin compasión alguna por parte de la vida.

La necesidad de retroceder en el tiempo se apoderó de ella de repente, generando ansiedad por la imposibilidad de hacerlo. Pensar en ello se volvió angustioso, y la tristeza que sentía era mortal, al punto de compadecerse de sí misma. Sin embargo, la realidad la confrontó: no podía volver atrás, lo que a su vez minó su deseo de permanecer en el presente e incluso le dificultó imaginar un futuro. La pregunta recurrente que a todos nos asalta cuando se diagnostica a nuestros hijos *¿Qué pasará cuando yo no esté?* la atormentaba. Esta pregunta, casi a diario, dejaba entrar pensamientos intrusivos que se instalaban a su lado, la abrazaban con fuerza, la tocaban y hasta se reían de su vulnerabilidad.

La noche traía un respiro, ya que no tenía que continuar fingiendo una alegría que se jugaba al escondite con la tristeza. Cuando se recostaba en la cama, las lágrimas finalmente tenían espacio para fluir, y se liberaba en silencio apretando las sábanas, descargando la tensión acumulada. El llanto se convertía en su refugio diario, y no pasaba un solo minuto en el que no mirara a su hijo con un dolor fatigoso. Observarlo dormir en paz, ajeno al tormento de su madre, la sumía en una sensación de estar muerta en vida.

Se contemplaba en el espejo, con los ojos hinchados y una jaqueca infernal. Su rostro estaba irritado por la humedad que dejaban las lágrimas saladas y frías que habían caído en abundancia. Trataba de encontrar su reflejo en la profundidad de sus ojos, unos ojos que la miraban con un cúmulo de emociones: compasión, rabia y dolor. Sin embargo, esa mirada interior solo parecía oscura y turbulenta. A pesar de tener el rostro irreconocible y el corazón dolorido por tanto sufrimiento, luchaba por reconocerse a sí misma.

Cada vez que alguien le preguntaba '¿cómo estás?', tragaba saliva para poder responder con un simple 'bien'. Aunque sabía que nadie le creería, ni siquiera ella misma. Internamente, sentía un nudo en la garganta y surgía un dolor intenso generado por la lucha para contener las ganas de llorar. Mantenía una barrera, restringiendo cualquier expresión de tristeza, con la creencia de que alejaría a las personas y evitaría que sintieran lástima por ella, ya que ella ya se sentía suficientemente abrumada por esa emoción.

Anhelaba la curación, quería sanar algo que ni siquiera podía definir, porque después del diagnóstico, se encontraba en una especie de parálisis emocional. No podía desear, visualizar ni anhelar un futuro, ya que el miedo le susurraba que el futuro podría ser aún peor. Ansiaba simplemente sentirse bien sin tener que aventurarse más allá de su zona, una zona que no era cómoda pero donde al menos tenía el control sobre lo peor. Temía avanzar, porque el pensamiento de que todo podría desmoronarse la aterraba. Y aunque anhelaba retroceder, sabía que no era posible, aunque apretara los ojos con fuerza en busca de un escape.

Para ella, la fase depresiva se reveló como la más devastadora de todo su proceso de duelo. Se extendió durante mucho tiempo, convirtiéndola en una marioneta a merced de sus propias emociones. Quería aprender y crecer de manera cómoda y satisfactoria, pero en cambio se encontró luchando en una espiral de tristeza y desesperación.

Se sintió más sola que nunca, ya que llevaba todo el peso del duelo en sus hombros sin ayuda ni apoyo. Aunque buscaba salir a flote, parecía que solo lograba hundirse aún más. Necesitaba desesperadamente ayuda, pero nunca llegó. Se acostumbró a las noches de llanto, con el pelo empapado de lágrimas, dolor de cabeza y suspiros agotados. Esta tristeza absoluta la consumía.

Los pensamientos constantes como: "*¿Será grave?*", "*¿Cómo seré como madre cuando le den crisis?*", "*¡Le darán crisis!*" plantaron la semilla de lo desconocido en su vida, creciendo día tras día con el riego de las preguntas diarias que atormentaban a esa madre. Las enfermedades raras son tan enigmáticas, incluso para la misma medicina, ¿cómo podía ella pretender saber más que un médico? Por lo tanto, pensar en escenarios desconocidos todos los días se convirtió en el pasatiempo favorito de su mente, impulsando su alma a través de una montaña rusa de emociones.

Todas estas maneras nuevas de ver su vida también afectaron su salud física. Lloraba inconsolablemente, sabiendo que su llanto no resolvería el problema. Su alma se desplomaba, liberando una marea de emociones que habían estado contenidas. Lloraba como una niña pequeña, con llantos que se habían vuelto una rutina nocturna. La ansiedad la asediaba, llevándola a deambular por la cocina y comer sin hambre real, buscando consuelo en la comida.

La depresión dejó su marca no solo en su estado emocional sino también en su apariencia física. A medida que ganaba peso, su reflejo en el espejo cambiaba. La ropa ya no le quedaba bien, y los comentarios de los demás sobre su aspecto solo aumentaban su ansiedad. Se sentía descuidada, atrapada en un cuerpo que no reconocía y en una realidad que parecía escapársele de las manos. La tristeza y la ansiedad se tejieron en su vida cotidiana, erosionando su imagen y su autoestima de formas dolorosas y profundas.

Experimentó el deseo de dejar de existir, sumida en una egoísta tristeza que abrazaba a sus hijos y a ella misma. La vida la golpeaba implacablemente, en una escalera empinada que se levantaba desde sus veinte años y se extendía hacia el horizonte. No solo lidiaba con el diagnóstico de su hijo, que ya era suficientemente abrumador para desencadenar todas las fases emocionales día tras día, sino también con una profunda soledad. El luto que experimentaba la llevó a sepultar cualquier idealización que tenía sobre la familia. En ese oscuro momento, consideró incluso la posibilidad de enterrarse a sí misma, aunque temía y, en el fondo, no deseaba realmente tomar esa ruta. Anhelaba cesar de existir, pero el miedo y un rastro de resistencia la sostenían.

Buscó refugio en el baño, sentándose en el suelo mientras las lágrimas fluían silenciosamente. Cada pensamiento que sugería que poner fin a su vida era una solución la golpeaba, mezclado con su propia ira ante esa idea.

Pero, ¿cómo podía siquiera pensar en abandonar a sus hijos? Era una injusticia, así que en medio de su peor tormento, tomó una decisión: pedir ayuda profesional, algo que a veces para darte cuenta de que la necesitas tienes que estar en el fondo del fondo semi enterrada. Había observado cómo este paso se incluía en el protocolo después del diagnóstico, pero nunca había visto ni oído a ningún profesional ofrecer el apoyo psicológico en el tiempo que llevaba pisando sus despachos.

Podría describir un sinfín de sesiones con un profesional de la psicología que la ayudaron a sanar y dar forma a su tumulto emocional, pero no podré hacerlo. Solo puedo narrar una única y modesta sesión que permanece en su mente.

En esa ocasión, su hijo estaba a su lado en el cochecito, ajeno a la devastación de su madre. Inocente, el niño no tenía idea de que su mamá se encontraba hecha pedazos, incapaz de sobrellevar ni siquiera ese momento en soledad.
La sala en el hospital parecía desprovista de un toque personal, evidenciando que quienes la ocupaban no la consideraban suya de forma habitual. El ambiente se sentía frío, careciendo de cualquier acogida. En lugar de una camilla, había una silla que se encontraba frente a un escritorio sin rasgos distintivos. La psicóloga que la recibía apenas la miraba a la cara, su atención parecía concentrarse únicamente en el monitor de su ordenador. En ninguna de las ocasiones en que la madre abrió su corazón logró cruzar la mirada de la psicóloga; esta permanecía ausente, incapaz de ofrecer el apoyo visual y emocional que tan desesperadamente necesitaba por lo que el desahogo fue débil y dedicado a las cuatro paredes

de esa pequeña sala, fue regalado al aire, a la soledad que ni ahí se había logrado quitar de encima.

En su diagnóstico escrito casi sin ganas, se encontraron las siguientes palabras: "*Trastorno de ansiedad y estado de ánimo depresivo*". A lo largo de los años, estas palabras la acompañaron sin que ella lo supiera oficialmente ya que fue un diagnóstico que descubrió por su cuenta, nadie se puso en contacto con ella para hablar de ello ni proporcionar información. Fue ella quien lo buscó en la aplicación que se implementó en la época de la pandemia para gestionar todo de manera online.

En aquel entonces la profesional le dijo: "*Tienes depresión, pero lo estás manejando genial. Eres fuerte y puedes con todo esto*". Sin embargo, el último sonido que escuchó fue la puerta cerrándose detrás de la psicóloga. Nunca más volvió a verla, ya que ni siquiera se tomó la molestia de programar una siguiente cita para verificar cómo estaba progresando. ¿Y si no hubiera podido superarlo? Se sintió abandonada en un momento crucial. Ya se sentía sola, y esta falta de seguimiento la hizo sentir aún más desamparada. Pidió ayuda, hizo lo que todo el mundo le pedía que hiciera, sentarse con un profesional de la salud mental a explicarle las pocas ganas que tenía de levantarse cada mañana, tuvo el mínimo amor propio de admitir que necesitaba apoyo. Haber dado el paso de admitir que lo necesitaba urgente había sido uno de los momentos más significativos para ella en ese período porque cuando eres vulnerable, admitir que lo eres te lo hace sentir aún más. Pero la respuesta que obtuvo a su sacrificio fue la indiferencia. Al entrar, sentarse y abrirse para compartir sus pensamientos con alguien que no hizo el esfuerzo de mirarla a los ojos con empatía, sintió que su necesidad de apoyo había caído en oídos sordos. Habría sido más cómodo para ella quedarse acostada y permitir que las lágrimas fluyeran hasta que se secaran por sí mismas, o incluso hasta que el dolor de cabeza la llevara a un punto límite. Pero algo más poderoso la impulsaba a poner sus pies en el suelo, aunque fuera para levantarse sin ganas y enfrentar el día, asumiendo la completa responsabilidad de cuidar a dos bebés. Esta situación tan desafiante le había tocado vivirla con dos pequeños a su cargo.

No le quedaba otra alternativa que sentir la arena bajo sus pies durante el día para distraerse, y refugiarse bajo las sábanas por la noche para desahogarse. Le causaba una gran frustración pensar que era ella misma quien debía sacarse de aquel profundo pozo en el que había caído. Carecía de las herramientas y la información adecuada para encontrar una salida, y sentía que las paredes rocosas del pozo se desmoronaban cada vez que intentaba escalar. Se veía obligada a tirar de sí misma hacia arriba con fuerza, en gran parte debido a la falta de respeto que la sociedad tenía hacia la salud mental en aquel momento.

Lo más complicado de la sensación de tristeza absoluta es que no desaparece por mucho que uno intente distraerse. Hay que atravesarla, sentirla y aprender de ella. Esta emoción no es pasajera en la vida de nadie, especialmente cuando es el resultado de un diagnóstico inesperado en uno de tus hijos. La tristeza se intensificaba en diferentes contextos: en la calle, en reuniones, en el transporte, en lugares cerrados, donde las miradas ajenas mostraban la diferencia. Le dolía pensar que esas miradas fijas nunca terminarían, y temía que su hijo algún día se diera cuenta y sufriera a causa de ellas.

En este proceso de caída libre, su cuerpo chocaba contra las rocas afiladas de la montaña que había escalado abruptamente y que la había empujado al vacío. Nunca antes había sentido una angustia tan abrumadora por desear regresar al pasado, mientras experimentaba una ansiedad desgarradora al darse cuenta de que eso nunca sería posible. Lo peor era comprender que el diagnóstico que pesaba sobre su hijo no podría ser borrado, y eso la sumía en un mar de sentimientos dolorosos y abrumadores. Ella sufría solo con pensar en escenarios que se presentaban en su mente constantemente, haciéndole creer que pasarían si o si en la vida de su hijo.

Si alguien pudiera conocer las incontables veces que se quedó dormida con los ojos temblorosos por el dolor de tanto llanto. Si alguien pudiera entender las ocasiones en que se sentó en soledad en el baño, encerrada, para liberar en silencio toda su rabia y frustración con un grito contenido. Si alguien pudiera comprender que sintió que su vida se apagaba sin desear siquiera intentar revivirla. Si alguien pudiera entender que fue el impacto de la caída libre lo que finalmente la sacudió y despertó de su letargo.

Dedicaba tiempo a caminar en solitario mientras sus hijos se encontraban por alguna razón con sus abuelos. Por una calle larga flanqueada por árboles a ambos lados, bancos marrones alineados reposaban a la sombra. Al final de la calle se dibujaba un parque con su suelo de gravilla en tonos grises, con toboganes de diversas alturas y grandes areneros que a menudo albergaban juguetes olvidados. Robustos árboles verdes proporcionaban sombra a lo largo del año. El parque estaba rodeado por una verja de madera desgastada, con portones rotos en sus pestillos. Fuera del recinto también se encontraban bancos para aquellos que preferían quedarse al margen.

 Se sentó en uno de esos bancos lentamente, sin estar segura de la razón precisa detrás de su elección. Sin embargo, su mirada estaba fija en el parque, observando a los pocos niños que jugaban bajo el cuidado de sus abuelas. Detrás de sus gafas de sol negras, ocultaba una mirada triste que solo ella podía comprender. Imaginaba a su hijo siendo uno de esos pocos niños que jugaban despreocupados, alejados de la mujer que observaba desde el banco. Se visualizó a sí misma conversando con otras madres en el parque, mientras sus hijos jugaban sin enfrentar complicaciones. Soñó con todo aquello que todavía creía que jamás sería capaz de alcanzar.

Tras las gafas de sol, solo se escondía la humedad salada de las lágrimas, que habían encontrado un hogar en el exterior. Le entristecía la necesidad de aceptar que existía una vida en sus aspiraciones y otra en su cruda realidad. Cuando finalmente le daba la oportunidad a la vida de llevar a sus hijos al parque, cualquier parque, se enfrentaba a una situación quizás aún más dolorosa que la de simplemente observar en silencio. Las miradas que recibía eran un recordatorio constante de la diferencia que existía en su mundo. Eran miradas fijas que iban desde la burla hasta la preocupación, provenientes de niños, madres, abuelas, cualquiera que estuviera presente. Esas miradas se clavaban en su corazón como puñales, infligiendo un dolor profundo en esta madre que luchaba con todas sus fuerzas para que su hijo no percibiera la hostilidad que emanaba de ellas, para que no se diera cuenta de que esas miradas eran hacia él, hacia su singularidad en comparación con la norma social.

Cada una de esas miradas era como un veneno que minaba sus fuerzas, erosionando cada vez más sus deseos de pasar tardes enteras en parques llenos de niños. Llegó al punto en el que si no estaban completamente vacíos, simplemente no valía la pena entrar. No deseaba ser el centro de atención ni tampoco quería que su hijo se enfrentara a la difícil tarea de socializar, solo para ser recibido con el silencio o el rechazo de los demás. Temía profundamente que estas experiencias pudieran herir a su hijo, y también preocupaba a esta madre cómo podría afectar a su hija presenciar este trato injusto hacia su hermano, que se daba cuenta de si se le miraba bien o no tan bien. Se daba cuenta y celebraba ver otros ser simpáticos con su hermano, algo tan común en la vida de otros y tan victorioso en la de ellos.

En esas situaciones, la madre se encontraba atrapada entre el deseo de darle a sus hijos experiencias de vida normales y el dolor que traían consigo esas interacciones hostiles. Cada visita al parque se convertía en un campo minado emocional, donde debía equilibrar su amor y protección por su hijo con la cruda realidad de la discriminación y la falta de empatía que experimentaban. Toda esa tristeza se desencadenaba por situaciones que ocurrían fuera de las cuatro paredes de su refugio, su lugar seguro.

Pero a pesar de esos pies que temblaban a cada paso que daba, lo seguía intentando, aunque su corazón se fuera partiendo poco a poco, *lo seguía intentando*.

Así es la vida, con sus desafíos y dolores,
Pero como aquella valiente, nunca te rindas,
Sigue intentando, con fuerza y con amores,
Porque en la persistencia, los sueños se cumplen, aún en las noches más largas.

Un día cualquiera de su huracanada vida, mientras esperaba el tren en la estación de su pueblo camino a una de las terapias con su hijo, una señora, no muy mayor, se acercó con simpatía. La señora llevaba un pañuelo blanco que cubría su cabello y un vestido violeta encantador. La miró a los ojos y le preguntó: "*¿Qué tiene?*" refiriéndose al niño. Confundida, la madre pidió que repitiera la pregunta. "*¿Qué, perdona?*"

"*Sí, ¿qué tiene el niño?*" respondió la señora insistente. Incrédula ante el hecho de que una completa desconocida intentara adivinar la condición de su hijo, la madre respondió: '*Tiene síndrome de Williams, ¿por qué?*'.

"*Porque estoy embarazada y me dijeron que viene con síndrome de Down. La verdad es que no sé si debería tenerlo o no*", comentó la señora de mirada evidentemente triste.

Un dolor profundo se apoderó de ella en el momento en que se planteó la duda sobre si merecía la pena traer al mundo a un hijo con una condición y cuestionar si esa vida merecía ser vivida y lo peor, considerar que una desconocida tendría la clave y la respuesta para decidir si debes traer al mundo a tu hijo o no, algo tan significativo. La verdadera tristeza se manifestaba en momentos tan surrealistas como ese.

"*Esa es una decisión muy personal, pero si quieres mi opinión, te animaría a preguntarte si amarías realmente a tu hijo incondicionalmente una vez que esté en este mundo*", respondió meciendo el coche del pequeño mientras le miraba con un claro instinto de protección. La sonrisa que intercambiaron cerró la conversación, pero abrió un espacio profundo y doloroso dentro de ella. Siempre había sido una defensora del derecho al aborto, creyendo que la decisión de cualquier mujer debía ser respetada en todo momento. Sin embargo, le dolía profundamente pensar que simplemente no querer tener hijos como el suyo pudiera ser una razón suficiente para no seguir adelante. Aunque respetaba intensamente todas las perspectivas, esta realidad le causaba un dolor interno significativo, quizá por la falta de sensibilidad de la otra persona, creer que podría mostrarle el rechazo tan evidente a criar un hijo con alguna condición médica teniendo delante a su propio hijo, por el cual decidió acercarse a entablar una conversación.

Cuando asistía a reuniones sociales, sentía que se adentraba en un terreno lleno de emociones difíciles. Interactuar con amigos y familiares, en lugar de ser momentos felices, se convirtió en una fuente de tristeza y frustración.

Mientras intentaba mantener la compostura y responder a las preguntas sobre su hijo, se encontraba lidiando con miradas curiosas y comentarios hirientes. A veces, las respuestas que daba parecían insuficientes para transmitir la complejidad de la situación, lo que la hacía sentir impotente y aislada en ese ambiente.

Cada vez que alguien emitía juicios rápidos o hacía comentarios insensibles, era como si le quitaran el suelo bajo los pies. Sentía que no podían entender su lucha constante. Ver a las personas que deberían apoyarla actuar sin empatía la hacía sentir indefensa.

La tristeza que sentía en estas situaciones iba más allá de un simple sentimiento momentáneo. Era una mezcla de emociones complejas: tristeza por la falta de apoyo, enojo por los comentarios dolorosos, frustración por no poder explicar la situación y una sensación profunda de soledad en medio de todos. Aunque era fuerte para enfrentar los desafíos diarios, estas interacciones le recordaban que no todos podían entender su realidad y la dejaban sola en su lucha emocional. Estas situaciones dejaban rastros de tristeza después de que terminara la reunión. La sensación de ser incomprendida y juzgada la perseguía mientras intentaba aceptar su situación.

Cada escenario traía consigo un extra de energía para esa madre que tan solo quería pasar momentos de paz que no era tanto pedir.
Cuando tenía que acudir al médico se sumergía en un mar de emociones difíciles de manejar. Las visitas regulares a las salas de espera se convertían en momentos que le recordaban la diferencia entre su vida y la de las demás familias que estaban allí.
Mientras esperaba en esas salas, rodeada de otras personas y sus hijos, no podía evitar sentir una punzada de tristeza. Observaba a los niños corretear y jugar, llenos de energía y vitalidad, mientras ella estaba allí, aguardando noticias sobre el progreso de su propio hijo. Era como si la vida le mostrara una vez más las diferencias en los destinos de sus hijos y los demás.
La espera, a menudo prolongada, se volvía un recordatorio de lo que consideraba injusto. Mientras veía a los demás niños desenvolverse con facilidad, la impotencia y la desesperación comenzaban a apoderarse de sus pensamientos. Sentía que estaba lidiando con mucho más de lo que le correspondía, una carga que la vida le había impuesto sin pedir permiso.
La comparación con otras familias y sus hijos era como un torbellino constante en su mente y corazón. La envidia y la amargura se apoderaban de su interior, como una sombra que no se alejaba.
Ver a esos niños alcanzando hitos y logros que, a veces, parecían inalcanzables para su propio hijo, era como un golpe seco y certero en el medio de su corazón. Sentía cómo la vida le había negado la oportunidad de vivir la crianza de manera "normal" y sencilla, como muchas

otras familias podían hacerlo. Se preguntaba por qué su camino tenía que ser tan complejo y lleno de obstáculos. Pensamientos así la hacían olvidarse de que ella ya vivía una maternidad donde habían logros constantes de la mano de su hija mayor.

Las redes sociales y las interacciones en persona a menudo amplificaban esta sensación de comparación. Las fotos felices y los logros compartidos por otras familias parecían resaltar aún más las diferencias entre su situación y la de los demás. Aunque intentaba recordar que cada camino es único y que todos enfrentan sus propios desafíos, no podía evitar sentirse atrapada en un ciclo de pensamientos negativos.

La tristeza se intensificó a medida que las comparaciones se acumulaban en su mente. Cada pequeño logro de otros niños parecía ser una prueba más de las dificultades que su hijo enfrentaba. A pesar de sus esfuerzos por concentrarse en el progreso y los logros de su propio hijo, la sombra de la envidia y la sensación de injusticia a menudo eran difíciles de disipar.

Después de varias idas y venidas al centro de atención temprana, haciéndose con el lugar, con las personas y creyendo que las personas que allí iban viviendo las mismas vivencias que ella, en la misma sala de siempre, con la profesional con la que ya había cogido bastante confianza, notaría como la familiaridad de aquel espacio parecía ofrecer algún consuelo. La terapeuta, una mujer simpática con la que ya había compartido varios miedos, preguntas y anécdotas, se encontraba allí, mirándola a los ojos con cierta solidez mientras esperaba que la madre le contara eso que la tenía nerviosa y quizá de alguna forma algo abatida. "*Sé qué es lo que tiene. Es el síndrome de Williams. Al final, nada de lo que creíamos cobra sentido*", le dijo.

Observó a la psicóloga, absorbida por sus palabras. Se encontraron en un silencio momentáneo, en un intercambio de miradas llenas de significado. Cuando finalmente la mamá terminó de exponer sus pensamientos, la terapeuta pronunció en voz baja: "*¿Y tú, cómo estás?*". En ese instante, la madre se vio arrojada abruptamente a la realidad. Reflexionó en silencio: todos parecían estar al tanto de algo, y ella era la única que había quedado al margen. Era lógico, entonces, que lo que primara en ese momento era cómo ella reaccionaría durante los siguientes meses. Después de todo, para su hijo, aparentemente, nada había cambiado en absoluto. Las palabras de la terapeuta retumbaron en su mente, y una oleada de pensamientos y emociones se agolparon en su interior. El diagnóstico había sacudido su vida y, en ese instante, sentía como si estuviera al borde de un precipicio emocional. Su hijo, ajeno a las complejidades y los desafíos que enfrentaba su madre, seguía con su sonrisa pura y sin condiciones, sin entender la marea de sentimientos encontrados que agobiaban a la mujer que lo había traído al mundo.

Ay... Cuando yo no esté, me sentaré en una nube para seguir guiando tu camino.

Me inundaré de emociones en la misma eternidad. Cuando no esté, quiero que seas libre. Quiero que dejes huella, la que beneficia a los demás. Quiero que sonrías tan grande que nadie se fije únicamente en la discapacidad.

Cuando ya no esté, me enseñarás que el amor supera cualquier miedo.

Me arrepentiré lejos de haber sentido terror cada vez que pensaba en "cuando ya no esté".

Desearé con todas mis fuerzas que estés orgulloso de mí. Y sí, aún falta mucho para eso , pero gran parte de los padres y madres que acompañamos la discapacidad vivimos para enseñar...

Vivimos para enseñar a vivir...

Vivimos para enseñar a vivir sin nosotros....

Mi miedo no eres tú, es el resto pero lo supero para que no conozcas esa sensación, esa palabra.

Mi mano no te soltará ni ahora ni nunca. Quiero estar eternamente. Voy a estar eternamente.

Algún día, cuando ya no esté, quiero que sepas que estoy muy orgullosa de ti. Mientras tanto, vamos a cambiar esta sociedad para que cuando vueles sin mí, el miedo se haya desvanecido.

Porque cuando ya no esté, <u>seguiré estando</u>.

Cada paso que daba era como un temblor emocional, un constante vaivén de miedos que la visitaban y luego se retiraban solo para dar paso a otros. Sin embargo, uno de esos miedos persistía sin dar señales de desvanecerse, era el miedo paralizante que sentía al pensar en un futuro en el que ya no estuviera presente.

Este miedo se convertía en el epicentro de la ansiedad que la acosaba, aunque lo hacía en silencio, gritando en su mente con preguntas que no dejaban de repetirse. "*¿Qué sucederá cuando yo ya no esté?*", se cuestionaba. "*¿Será capaz de valerse por sí mismo? ¿Contará con una red de apoyo sólida?*". El pensamiento la atormentaba de manera constante, al punto de robarle el sueño. "*No, no quiero irme. No puedo permitirme abandonarlo y que se quede solo*", pensaba desesperadamente.

Su vulnerabilidad emocional estaba tan expuesta que no se necesitaba más que escuchar su voz para percibir el incesante miedo que la dominaba. Este miedo ejercía su poder sobre ella desde la mañana hasta la noche, tejiendo como con una lana fuerte e indestructible una red de inseguridades y angustias que la acompañaban en cada paso del camino.

 En cada sonrisa compartida con su hijo, en cada gesto de cariño, se encontraba una preocupación latente que la impulsaba a esforzarse aún más. La incertidumbre del mañana se interponía en cada momento de felicidad, recordándole que el tiempo es frágil y que la vida está llena de interrogantes sin respuesta.

 Aunque vivía sumergida en este torbellino emocional, nunca compartía sus sentimientos con nadie. Sentía que su miedo era irracional, que estaba sacado de contexto y que estaba exagerando en respuesta a la situación con su hijo. Escuchaba a personas que intentaban minimizar la magnitud de lo que estaba experimentando al decir cosas como "*Todos los padres tienen ese miedo*". Esta actitud de querer comparar su experiencia con la de otros la dejaba sintiéndose incomprendida y sola en su angustia. Después de todo, ¿quién tenía derecho a juzgar el alcance de sus emociones?

Le dolía tanto que, estando en la misma sala, su hija parecía estar a kilómetros de distancia. La extrañaba y sufría mucho al pensar que en ese corazoncito había rencor o rabia hacia ella. Su hija no merecía crecer sin el abrazo constante de su madre. Ella era consciente y le causaba temblor en el propio corazón, porque el dolor y la culpa la golpeaban todas las malditas noches.

La hija era solo una niña pequeña, y su madre entendía que la distancia se debía a la atención que el reciente diagnóstico de su hermano requería. Se sentía atrapada entre el amor que sentía por sus dos hijos y la necesidad de cuidar al que necesitaba atención especial. A pesar de comprender la razón detrás de la distancia con su hija, seguía sufriendo. Las noches seguían siendo inquietas, y la culpa no la abandonaba. Sabía que debía encontrar una manera de equilibrar las necesidades de ambos hijos y mantener el vínculo con su hija intacto.

Dentro de ese dolor llegaba a convencerse de que era afortunada por tener una hija adicional. Se decía a sí misma que, cuando ya no estuviera, su hija estaría allí para asumir la responsabilidad de cuidar a su hermano. Esta idea surgía de un lugar de desesperación y egoísmo, pues no podía ver ni entender que su hija también tenía una vida propia y que no había elegido vivir esta situación ni mucho menos cargar con el peso de algo que ni siquiera entendía completamente.

El pensamiento de transferir la responsabilidad a su hija reflejaba una lucha interna que se libraba en su mente. Se enfrentaba al choque entre el deseo de proteger a su hijo a toda costa y la realidad de que no podía controlar todos los aspectos del futuro. Aunque deseaba que su hija asumiera este papel, sabía en su corazón que no era justo imponer tal responsabilidad sobre ella. La madre comenzó a darse cuenta de que esta actitud era impulsada por su propia ansiedad y que debía confrontarla para encontrar una manera más sana de manejar sus miedos y preocupaciones.

A medida que su comprensión crecía, también lo hacía su capacidad de apoyar a su hija. Comenzó a comprender que su hija no era responsable de cuidar a su hermano de la manera en que ella había imaginado inicialmente. En lugar de eso, se enfocó en fomentar una relación de amor y apoyo entre sus dos hijos, permitiendo que cada uno viviera sus propias vidas y tomara sus propias decisiones. A través de este proceso de autorreflexión y crecimiento, la madre comenzó a liberarse de las cadenas del miedo y el egoísmo. Aprendió a enfrentar sus inseguridades y a confiar en el amor y la fuerza de su familia para enfrentar los desafíos que se avecinaban. Aunque la incertidumbre del futuro todavía estaba presente, ahora tenía las herramientas para afrontarla con valentía y apertura, sabiendo que su hija tenía su propio camino que recorrer y que, a pesar de todo, nunca estaría sola en su lucha.

*El amor de los hermanos es una verdad cruda, una combinación
de abnegación, batalla y afecto.
A lo largo de la existencia, se hacen con habilidades para
afrontar desafíos únicos y forjan vínculos indestructibles,
recordándonos que el afecto a veces se manifiesta en el esmero
constante y la entrega callada.*

Este proceso, en el que las emociones se teñían de un tono gris oscuro, se prolongó durante aproximadamente dos años. Fue como si se hubiera subido a una montaña rusa emocional, experimentando altibajos intensos. En muchos momentos, pensó que el sufrimiento había llegado a su fin, sólo para descubrir que, al alzar la cabeza, se encontraba en una caída libre hacia lo más profundo de su angustia. Era como si estuviera cavando su propio agujero, enterrándose a sí misma en una oscuridad impenetrable, sin permitir que ninguna luz lograra entrar en su abismo de soledad.

Se sentía atrapada en un ciclo destructivo, ahogándose en la falta de aire emocional. Se aferraba a sí misma con fuerza, abrazando su dolor y aislándose del mundo exterior. En ese espacio sombrío, nada podía percibirla en su estado de desgaste y agotamiento. Era un refugio donde se sentía invisible, libre de juicios y expectativas. Sin embargo, lo que duró tanto tiempo, finalmente, la agotó. Cada día, lidiando con esa montaña rusa emocional, tuvo su costo. La constante lucha interna, los altibajos sin fin y la carga emocional la desgastaron hasta un punto crítico. La lucha constante había comenzado a tomar un peaje significativo en su salud mental y emocional.

Esta lucha, aunque en un principio había sido su manera de enfrentar el dolor, se convirtió en una prisión emocional. La falta de luz y la soledad la habían envuelto hasta el punto de asfixiarla. Había llegado a un punto en el que su propio método de afrontamiento había perdido su eficacia y se había convertido en una trampa de la que no podía escapar.

Este proceso fue una batalla interna desgarradora, una lucha que la llevó al límite de su resistencia. A medida que pasaba el tiempo, empezó a reconocer que necesitaba nuevamente pedir ayuda externa, que no podía seguir enfrentándose a la situación sola. Aceptar su vulnerabilidad y buscar más herramientas se convirtió en un paso crucial en su camino hacia la sanación y la recuperación.

Aceptando vulnerabilidad, renace su porvenir.

Ella y sus dos hijos se encontraban en la consulta de cardiología esperando por unas pruebas médicas que ya intuía el final de aquel día. La ansiedad se apoderaba de ella mientras esperaban al médico. La noticia del síndrome de Williams de su hijo ya había sido una carga emocional, y ahora estaban aquí para evaluar un nuevo problema de salud. El médico finalmente llegó y después de hacerle las respectivas ecografías a su niño comenzó a explicar la condición con un conjunto de dibujos en un papel. La madre observaba atentamente, tratando de entender la complejidad de la estenosis pulmonar. A medida que el médico trazaba líneas y explicaba el funcionamiento del corazón y los pulmones, ella se dio cuenta de que esto era algo que no podía pasar por alto en su camino de cuidado hacia su hijo.

"*Entonces, como puede ver aquí, la sangre tiene dificultades para fluir a través de esta estrechez en la arteria pulmonar*", dijo el médico, señalando un punto crítico en el dibujo. "*Esto puede causar problemas en la circulación sanguínea y afectar la función del corazón*". Sintió un nudo en el estómago al comprender la gravedad de la situación. La noticia de la estenosis pulmonar en la consulta médica fue un golpe inesperado. Mientras el médico continuaba explicando, ella luchaba por mantener la compostura. Se sintió sobrepasada por la cantidad de información que había recibido. Miró a sus hijos, tratando de encontrar fuerzas en su presencia. Su niña siempre dispuesta a ayudar, notó la preocupación en el rostro de su madre y le dijo suavemente: "*Mamá, lo aprenderemos juntos. No estás sola en esto*". Esas palabras resonaron en su corazón, recordándole que la fortaleza de su familia y su amor eran la clave para enfrentar todos los desafíos que se presentarán en el camino.

Después de la consulta en cardiología, ella y sus hijos se dirigieron hacia la estación de tren más cercana. La madre aún estaba procesando la noticia y el viaje de regreso a casa parecía un trayecto largo y solitario. El sol comenzaba a ponerse en el horizonte mientras esperaban en la estación. Su niña sostenía la mano de su hermano con ternura, tratando de calmarlo mientras él observaba con fascinación el vaivén de los trenes en las vías. Los sonidos de los anuncios y las conversaciones de los pasajeros llenaban el aire.

Finalmente, el tren llegó, y subieron a bordo. Encontraron un asiento cerca de la ventana, y ella se sentó junto a su pequeño, mientras su hija ocupaba el asiento del pasillo. A medida que el tren comenzó a moverse, la madre miró por la ventana, viendo cómo la ciudad se alejaba gradualmente.

El paisaje urbano pronto dio paso al mar y a paisajes más abiertos. El tren atravesaba pequeñas estaciones y pueblos, y ella miraba atónita por la ventana, perdida en sus pensamientos. En ese momento, el traqueteo constante de las ruedas del tren y el suave balanceo se convirtieron en una especie de bálsamo, una distracción de la tormenta emocional que había experimentado en la consulta médica.

Su hija, siempre atenta, comenzó a contarle a su hermanito una historia sobre trenes y aventuras en la que ambos se embarcaban.

Él escuchaba con atención, y pronto su risa llenó el vagón, disipando momentáneamente la tristeza que había dominado su día.

Mientras avanzaban, las luces del atardecer teñían el cielo con tonos dorados y rosados. Al llegar a casa, la madre ayudó a sus hijos a prepararse para la cena. La rutina diaria continuaba. Después de la cena, la madre ayudó a su niña con las últimas tareas del día y se aseguró que su hijo estuviera cómodo para dormir. La noche estaba tranquila, y cuando finalmente sus niños se durmieron, ella se quedó observando con cariño antes de apagar la luz. Mientras se dirigía hacia su propia cama, el día la sobrepasó una vez más. Se sentó en la cama y reflexionó sobre todo lo que habían vivido, también pensó en la sonrisa de sus niños mientras su niña le contaba su historia en el tren y en las palabras de su hija mayor, "*lo aprenderemos juntos. No estás sola en esto*". Sabía que tenía razón.

Aún no se daba cuenta de la cantidad de madres que, allá afuera, comprenden su sentir.

Llegaban momentos muy difíciles que siempre sostuvo en su mente, pero jamás como algo principalmente a corto plazo. Sin embargo, sabía que si quería que su hijo avanzara, la escolarización sería su moneda más certera. Desde el equipo de psicopedagogas que llevaban a su hijo, se ponían manos a la obra e inconscientemente le colgaban encima un poquito más de carga emocional que ya no estaba sabiendo controlar.

Tocaba escoger un centro que se adaptara de manera eficaz a las necesidades de su hijo y en una misma mañana llamó a todos los colegios que tenía cerca, que eran aproximadamente unos 4 o 5. Pero lejos de terminar bien, hubo una llamada que le daría un golpe de realidad bastante duro, aunque tan simple como los pocos segundos que duró esa llamada.

'Hola, llamo para matricular a mi hijo y estoy viendo qué colegio se adaptaría mejor a él. Te explico, tiene síndrome de Williams y...' No terminó de hablar porque desde el otro lado recibió: *'No tenemos educación especial'*, seguido de colgar.

El silencio se hizo con el momento, el espacio y su corazón. ¿Qué era lo que acababa de suceder?, se preguntaba como si esas formas fueran necesarias, era la primera vez que notaba el rechazo a la discapacidad o a su hijo en un ente público, así que llamó al encargado de la escolarización del pequeño para contarle el percance a lo que él le contestó:

'No irá a un colegio aún, mamá, irá a una escuela infantil con niños más pequeños para que él esté más cómodo', le dijo muy amablemente y midiendo cada palabra. Todo eran vueltas y más vueltas, reuniones, charlas, hasta conocer a su profesora encargada.

Resulta que el espacio donde estaría su hijo quedaba a media calle de su casa, en un edificio completamente moderno, con ventanales que daban a la montaña y a la carretera. Había escaleras anchas y un ascensor para aquellos padres que aún llevaban a sus pequeños en cochecitos. Era un sitio verdaderamente espacioso y acogedor, pensaba esa mamá cada vez que iba o lo veía desde fuera.

No solo no iría con niños de su edad (ya tenía 3 años), sino que estaría en un aula con bebés de seis meses a un año, siendo él notablemente más grande físicamente, despertando por completo el miedo al rechazo de esa madre que no sabía ni qué estaba haciendo en un recinto como ese aún.

Sentada en una sillita de niño pequeño en la segunda planta de ese edificio, rodeada de juguetes para bebés, esperando a la próxima profesora de su hijo, fue cuando seguía cayendo en la realidad en la que ya nadaba sin equipo de buceo.

'Tengo miedo de que algún padre se queje de su físico tan grande. Mira, sería normal, son todos bebés. O que alguien no quiera tenerlo en el aula, no sé si estoy preparada, no lo sé', decía ella, asustada pero mostrando una entereza que se había obligado a mostrar al mundo.

'Pero ¿por qué tienes que anticiparte a lo que pasará? ¿Por qué estás martirizándote con algo que seguramente no pase? Y si pasa, créeme que sabremos nosotras lo que debemos hacer. Tu niño tiene el mismo derecho que el resto de estar aquí, así que por favor, estate tranquila', le calmó ese ángel caído del cielo que se haría cargo de su hijo durante algunos meses.

El aula que parecía distante, se convirtió en un sitio seguro para todos. Días después en el grupo de WhatsApp de la clase, ella comunicó a los padres sobre el síndrome de su hijo de esta manera: *'Hola, soy la mamá del niño nuevo. Veréis, es más grande porque tiene 3 años, pero su mentalidad estaría en la línea de vuestros hijos. Tiene síndrome de Williams, pero quiero calmaros porque mi hijo no es agresivo, es amoroso. De hecho, seguramente alguno de los vuestros le pondrá en su sitio. Os lo escribo para que lo sepáis y por si tenéis alguna duda, aquí está mi número para solventar cualquier pregunta que tengáis.'*

Lo que recibió de respuesta fueron mensajes muy empáticos. Sintió como si le dieran una bienvenida, algo a lo que no estaba acostumbrada, pero de todas formas se mantenía alerta, ya que había notado algunas miradas preocupantes. ¿Le dolía eso? Sí, pero era normal y era fácil empatizar con esos padres. No dejaban de ser bebés.

Todo lo que ella necesitaba, incluso con mil condiciones, lo tomaba como pruebas que no le importaba pasar. Consideraba que, mientras fueran aceptados, superarían todas las pruebas necesarias. Le permitía a la gente mirarla fijamente, con la esperanza de que al final le sonrieran, y eso era suficiente para ella. Si la bombardeaban con mil preguntas incómodas, no le importaba, siempre y cuando al final le ofrecieran una sonrisa. Todo lo que la hacía pasar momentos difíciles, creía que valía la pena si eso significaba que su hijo pudiera ser incluido, incluso si solo era con una mirada. ***¡Qué equivocada estaba esa mujer, desesperada y triste!.***

Porque no podía permitirse pensar que su niño no iba a socializar o verse al nivel de los demás niños, se había desvanecido cualquier atisbo de planificación que albergaba en su mente. Si lo pensaba, sentía como si cayera desde un abismo donde el suelo no se veía. Esas expectativas habían muerto en toda su esencia, porque aunque todos digan que no las tienen, absolutamente todos los padres o madres tienen una mínima expectativa respecto a la crianza de sus hijos. Quizá esa madre que atravesaba la peor de sus tormentas no se daba cuenta de que, en realidad, todo sería posible, porque en el escalón en el que había decidido plantarse durante meses, incluso uno o dos años, había decidido que celebraría constantemente el funeral de esas expectativas, planes y sueños, incluso el funeral de su propia persona que entró en ese camino montañoso siendo de una forma y la transformación se estaba volviendo verdaderamente sería, preocupante, sin siquiera saber si podría llevar a cabo una transformación.

El simple hecho de matricular a su hijo en una escuela infantil con niños de un año la llevaba a aferrarse aún más a ese escalón. Solo había neblina, aunque en muchos días de esos meses que estuvo allí lograría ver la ternura con la que el sol les acariciaría, mostrándoles por un rato, aunque sea, la cara linda que tiene la vida, confundiéndose con que esa fase llegaría a su fin. ¿Así sería?.

Los meses pasaron lentamente, y durante ese tiempo experimentó de todo. Hubo momentos hermosos en los que había decidido no perderse ninguno de los pequeños avances que cualquiera de sus dos hijos hiciera. Aunque todavía se sentía triste, esa emoción se había transformado en una sensación incrustada en su corazón, pero tenía una tonalidad diferente. Parecía ser una emoción a largo plazo, o incluso algo que nunca lograría superar. El juicio de los demás la perseguía con frases como '*¿Es tan difícil quererlo?*' o '*¿No crees que estás exagerando*?', haciendo que ella misma comenzara a creerlo. No era su hijo el problema; era todo lo demás, todo lo que los rodeaba, todo lo que parecía o ella creía que quería hacerles daño. Por mucho tiempo, equivocadamente, creyó que ella y su hijo eran una sola persona. Pensó que incluso ella misma tenía una discapacidad que debía respetar, obviando por completo que era su hijo quien tenía esa condición de vida. Ella solo debía acompañar sin cruzar ese delicado límite impuesto por la vida. Necesitaba comprender el funcionamiento de este nuevo mundo que estaba explorando. Simplemente anhelaba encontrar algo positivo en medio del caos emocional que experimentaba a diario. Sabía que aún enfrentaría algunas anécdotas que guardaría en su cajón de recuerdos, como lecciones para entender o al menos aceptar el propósito que la vida había reservado para ella y su pequeña familia de tres. Realmente, a pesar de estar rodeada de personas, ella se sentía sola. Ese sentimiento se aferraba a su lado, persistente, porque se veía aislada en todas las salas de espera que se habían convertido en su segunda casa. Se sentía sola en medio de las crisis en plena calle, en el supermercado o en algún pasillo de un edificio nuevo que tenían que explorar. Se sentía sola incluso en esos abrazos llenos de babas por las noches antes de dormir, y se sentía sola en los fríos quirófanos, donde debía tragar saliva y entregar a su propio hijo para una intervención, sólo para volver a esa pequeña sala de espera, sola.

La soledad es un sentimiento que a menudo resulta difícil de expresar con palabras, porque en medio de un momento de depresión absoluta, la soledad se siente como un dolor intenso y molesto en el pecho, entrelazado con la tristeza, un dolor por todo y por nada, por lo que no quieres aceptar y por lo que estás aceptando. Porque aceptar duele, y duele de manera intensa, profunda y abrumadora.

Se sintió abandonada por la vida todos los días, porque la vida no la esperó. La vida le dio un conjunto de directrices a seguir y siguió su curso sin mirar atrás, sin importarle si tenía preguntas o si podría soportar el peso de esa mochila tan pesada que colgaba de sus hombros. Una mochila que ella aceptó a regañadientes, porque no quería que su hijo experimentara la indiferencia de la sociedad, de las instituciones, del sistema de salud y de todo lo que no comprende que la diversidad es una parte natural de la experiencia humana.

Nadie sabía que ella estaba muriendo, ya que no había sangre en su cuerpo, pero su mirada clamaba por ayuda, porque se sentía completamente perdida.

Esto se debe en parte a una sociedad que nos condiciona a no conocer ni interesarnos por el mundo de la discapacidad, que, en realidad, es nuestro mundo. Estamos tan profundamente adoctrinados de manera inconsciente que cuando nos enfrentamos a experiencias como estas, nos sentimos como esa madre que se encontró desorientada, desinformada y sola desde el mismo momento en que se recibió el diagnóstico.

Desde ese instante, sintió que todos aquellos que en algún momento prometieron amar a su hijo incondicionalmente le dieron la espalda. Resultó que había más condiciones de las que había imaginado, condiciones que llegaron a minar su autoestima hasta el punto en que quiso alejarse de todo y de todos, creyendo que solo traería diferencias innecesarias a una vida ya sacudida.

En el rincón más íntimo de nuestros corazones, las madres albergan un miedo silencioso, el temor de que sus hijos no encuentren su lugar en el mundo.

A medida que pasaba el tiempo, ella notaba que su entorno se alejaba. Las amistades de toda la vida comenzaron a desvanecerse, y el apoyo que tanto necesitaba se hacía escaso.
Esa sensación de aislamiento era algo dolorosa. Veía cómo la mirada de los demás cambiaba, cómo la incomodidad se apoderaba de las conversaciones y cómo la gente empezaba a evitarla. A pesar de los desafíos que enfrentaba, solo buscaba comprensión y apoyo, no simpatía. Pero ver a parte de su entorno alejarse de ella y

de su niño sin siquiera disimular les hacía sentirse solos con una sensación grande de impotencia. Ella nunca flaqueó en su compromiso con su hijo, sabía que merecía el mismo amor y cuidado que cualquier otro niño, y estaba decidida a proporcionarle lo que necesitase, aunque en esa misma lucha tenía otras emociones abiertas que a veces no encontraban cómo expandirse en su mente. Como el tener que asimilar que su hijo dependía completamente de ella, ya que ella era la única que podía entenderlo y quería hacerlo, fue una de las cuestiones que le impidió superar esta fase tan destructiva que es el duelo. ¿Logró superarlo? Sí, lo hizo, pero el precio que pagó fue ver y sentir cómo su cuerpo se despojaba lentamente de todas sus creencias, de los principios que alguna vez creyó tener, de su piel, de sus sentimientos más íntimos, de todo lo que pensaba que la definía como persona.

Lentamente, y con dolor, empezó a percibir cómo ese velo que le cubría los ojos se deslizaba suavemente hacia sus pies. Le dolió verlo y sentirlo, pero dentro de ese dolor, experimentó una especie de satisfacción asombrosamente dulce. Aún era ella, seguía siendo la misma persona, pero dejó de ser la misma en un sentido, dejó de creer que la vida se había acabado con ese diagnóstico. En cambio, comprendió que lo que había llegado a su fin era su vida anterior, abriendo paso a una nueva etapa de la mano de su hijo y su hija. Aunque continuaron con sus propias vidas, esperaban ese cambio en su madre, ese clic. Estaban esperando vivir a su lado, esperaban verla sonreír de verdad, con el corazón y los ojos, porque con la boca, nunca había dejado de hacerlo.

No sabe si fue de un momento a otro, pero de repente miró la discapacidad, el síndrome y a su verdadero hijo a los ojos. Se dio cuenta de que ya no había un dolor que marchitara su alma en cada paso que daba. Lo que quedaba era un dolor que la acompañaría el resto de su vida, porque ser madre duele. Duele en cada rincón, en cada pequeña sonrisa y en cada suspiro, porque ella sabe cuánto costó cada gesto, cada mirada y cada paso en la vida de su hijo.

Así, después de unos tres años, consciente de que estaba emergiendo de ese pozo que ella misma había cavado y en el que se enterró, comenzó a salir de la fase depresiva. Sin embargo, le costó tanto, como si las raíces que habían crecido bajo tierra se negaran a soltarla de esa oscuridad abismal. Luchó consigo misma y con la comodidad de la tristeza para poder liberarse de un pozo tan profundo como poderoso.

En el duelo, lo más difícil es tener que luchar contra uno mismo para atravesar las tormentas que te persiguen día y noche. Pero estas tormentas a menudo arrecian durante la noche, cuando el cuerpo se relaja y la mente se tensa. Es en ese momento cuando el corazón decide que la tormenta debe continuar de la manera más intensa posible, hasta que te duermas con lágrimas aún rodando por tus mejillas. Es necesario pasar por estas etapas para poder comprender, aceptar y finalmente amar.

En este titubeante ascenso, ella pudo discernir quiénes estaban realmente a su lado y quiénes no. No diremos que salió indemne, pero salió. Logró superar esta etapa, aunque a costa de un alto precio que hirió su alma y la transformó, la educó de la manera más implacable. Su salud mental se tambaleó tan fuertemente que en un momento pensó que no podría superar este proceso, porque el protocolo falló, algunas personas fallaron, e incluso ella misma se falló. Durante años buscó respuestas fuera de sí misma, sin darse cuenta de que la única respuesta que necesitaba estaba dentro de ella. No se encontró en ninguna de las ocasiones en que se buscó, porque creyó erróneamente que su alma se había extinguido. Sin embargo, su alma no murió, sino que emergió transformada de las profundidades, una persona diferente lista para dar el siguiente paso.

Caminaba por la calle, con la mirada perdida en sus pensamientos. El sol se filtraba entre las hojas de los árboles, creando un juego de luces y sombras en su camino. Durante mucho tiempo, esa caminata había sido un ritual solitario, un momento de reflexión y tristeza. Pero ese día, mientras paseaba, algo cambió en ella. Sintió una brisa suave en su rostro y levantó la vista para observar el cielo. Las nubes se dispersaron, revelando un cielo azul y claro. Una sensación de alivio la invadió de repente, como si las nubes en su interior se disiparan al igual que las del cielo.

Esa caminata solitaria ya no parecía estar llena de oscuridad y pesar. Había un destello de esperanza en su mirada, un atisbo de aceptación. Se dio cuenta de que había llegado al final de la fase de depresión que la había envuelto desde el diagnóstico de su hijo.

Fue un momento sutil pero poderoso, como un rayo de sol que penetra a través de las sombras. En medio de la lucha y el dolor, había encontrado la fuerza para seguir adelante. Sabía que aún habría desafíos por delante y muchos tipos de dolor que descubrir porque algo que tenía claro es que no dejaría nunca de llorar, pero ya no se sentiría abrumada por la tristeza. Esa caminata solitaria se convirtió en un símbolo de su *resiliencia* y determinación.

Ahora, miraba hacia adelante con un corazón más ligero, lista para enfrentar lo que el futuro le deparara.

En la fase depresiva, oscura y profunda,
Navegamos sobre las lágrimas,
Pero el alma no se rompe, solo se recompone,
A través de los suspiros, el corazón renace y entona.

Las noches de tristeza, parecen no tener fin,
Pero el día despertará con un nuevo matiz.
La depresión no es el final, es una paleta de emociones,
Donde el dolor y la esperanza se entrelazan en canciones.

Cada lágrima derramada, es un paso hacia la luz,
Cada suspiro profundo, una ascensión,
La depresión no es el destino, es un sendero transitado,
Hacia la aceptación y la paz, donde se halla el amor anhelado.

Así, finaliza la fase depresiva, como el alba en el horizonte,
La resiliencia se alza, y el alma se dispone.
A abrazar un nuevo día, con fuerza y valentía,
Donde el amor y la aceptación guían nuestra travesía.

Aceptación

Es posible que ella nunca se diera cuenta de que estaba en la fase casi final del duelo que había vivido con tanta intensidad, ya que no sabía exactamente qué debía aceptar. ¿Debía aceptar a su hijo o su condición? ¿A la sociedad o a la vida que ahora debía enfrentar? Quizás no fuera una mera aceptación, sino más bien una adaptación a estos nuevos pensamientos y creencias que había adquirido a lo largo de los últimos meses.
Porque la renovación de una persona a menudo implica romperse por completo para luego reorganizar cada pieza en un nuevo orden. Aunque las mismas piezas ocupen espacios y posiciones diferentes, esto refleja que su pensamiento ha cambiado, pero su esencia seguirá siendo la misma, siempre presente.

Llevaba escribiendo durante un tiempo sobre lo que sentía en relación con su maternidad. Había brindado la oportunidad de conocer a otras familias que estaban pasando por experiencias similares, pero aún no encontraba su propio espacio, un lugar donde sentirse cómoda y en igualdad con el resto de personas. Escribir le ayudaba a sanar; le permitía expresar a la vida, con palabras, lo que nadie parecía dispuesto a escuchar. Tal vez, en realidad, escribiendo podía ser completamente sincera con sus sentimientos.

Escribir fue lo que la salvó de esa cuerda casi rota que la zarandeaba en medio de dos montañas tan imponentes como el Himalaya. La escritura le devolvió las ganas de explorar, de conocer, de saber y de comprender su maternidad, que nunca fue realmente diferente de lo que ya estaba viviendo. Pero darse cuenta de que su maternidad no sería como la de las demás madres le llevó mucho tiempo y esfuerzo aceptar.

En esta fase, la culpa estuvo ligada al proceso. Llegó a creer que todo este tiempo había estado sufriendo por no aceptar a su hijo, como si su tristeza se debiera a no querer la vida que le había tocado, a no querer asumir la responsabilidad de una maternidad que nunca había imaginado. La veía como algo solitario e invisible a los ojos de la sociedad.

La culpa la abofeteó un día para mostrarle que su duelo era simplemente el proceso de entender que su hijo estaría destinado a enfrentar día tras día nuevos desafíos. Estos desafíos a veces eran producto del síndrome, y otras veces eran impuestos por una norma social que no mostraba la menor intención de cambiar. Esto la atormentaba día y noche, y, por supuesto, le dolía todos los días tener que incluir a su hijo en un lugar de donde nunca se fue. Se dio cuenta de que la aceptación no era rendición, sino transformación, algo que no todos son capaces de comprender. Era abrazar la belleza de su hijo, de sus habilidades, abrazar su forma única de ser madre, e incluso los caminos que tendrían que recorrer juntos a lo largo de la vida. Era abrazar el término "atípico" y, al mismo tiempo, abrazarse a sí misma, incluso cuando el mundo exterior le mostrara una diferencia que, finalmente, ella también percibía.

Lo mejor de todo era que ella deseaba formar parte de ese grupo de madres que tenían una experiencia de maternidad distinta. Sin embargo, se había prometido a sí misma que también mostraría al mundo que seguía siendo madre, después de todo, reconocer y asimilar plenamente la condición de vida que tenía era lo que la hacía experimentar una maternidad pura y sincera. Había logrado completamente el propósito de la maternidad: amar sin condiciones, acompañar y fomentar la diversidad, tan natural como lo es la humanidad.

A medida que se empapaba de conocimiento y hablaba con otros padres que habían pasado por situaciones similares, empezó a notar cambios en su enfoque. Aunque aún tenía momentos de preocupación y tristeza, gradualmente comenzó a aceptar la realidad del diagnóstico de su niño. Comprendió que, si bien su hijo tenía desafíos únicos, también tenía talentos y habilidades como cualquier ser humano.

La aceptación no implicaba que ella abandonara sus esperanzas para su hijo; sino que ajustó sus expectativas y se enfocó en celebrar cada pequeño logro. Cuando él pronunció su primer "*mamá*" o mostró interés en interactuar con otros niños en el parque, ella se llenó de gratitud y alegría. Comprendió que las metas son diferentes para cada individuo que habita en este mundo. Algunos tienen metas más cortas o con menos obstáculos, mientras que otros descubren cómo sería la meta a medida que avanzan en el camino de la vida.

Se encontró en un punto de quiebre emocional cuando finalmente aceptó el diagnóstico de su hijo. El término "*aceptación*" en este contexto adquirió una profundidad inmensa que solo los padres que han atravesado un diagnóstico complicado pueden entender. Aceptar el diagnóstico de su hijo significó enfrentar la realidad. Fue como mirar al abismo de lo desconocido y, en lugar de retroceder, dar un paso adelante con amor y esperanza. Fue un proceso de aprender a desafiar las creencias erróneas y los estigmas que la sociedad a menudo asocia con ciertas condiciones médicas. Comenzó a descubrir que el diagnóstico de su hijo no lo limitaba ni definía, sino que era solo una pequeña parte de la maravillosa persona que estaba criando, una de sus tantas virtudes que en su pequeño cuerpo guardaba.

Aprendió que el *Síndrome de Williams*, en lugar de ser un obstáculo insuperable, era una manifestación única que la humanidad alberga.

Se convirtió en un viaje de autodescubrimiento para ella como madre. Descubrió que su hijo tenía dones y talentos excepcionales que, sí se nutrían adecuadamente, podían florecer y brillar con una luz única en el mundo.

En lugar de ver el diagnóstico como una carga, lo abrazó como un regalo. Después de presenciar la lucha de muchas familias que aún no podían encontrar un nombre para lo que les sucedía a sus hijos, comprendió que tener un diagnóstico es realmente un privilegio dentro del mundo de las enfermedades raras. No saber hacia dónde dirigir el siguiente paso era una de las cosas más difíciles que había experimentado en comparación con otras familias que se cruzaron en su camino. Poder tener un diagnóstico era una invitación a explorar un mundo de posibilidades y desafíos compartidos. Aceptar el diagnóstico de su hijo significó abrir su mente y su corazón a una comunidad de padres, terapeutas y maestros dispuestos a ayudar y apoyar a su familia. Comprendió que, en este viaje, no estaba tan sola como tanto creyó. Descubrió que había recursos, conocimientos y amor disponibles para ayudar a su hijo a crecer y prosperar. Aceptar se convirtió en un acto de amor incondicional, en una promesa de estar allí en cada paso del camino, superando juntos los desafíos y celebrando los triunfos.

El proceso también implicó aprender a dejar atrás las expectativas que había tenido para el futuro. Comprendió que la vida de su hijo no seguiría el camino convencional que ella había imaginado, pero eso no significaba que fuera un camino menos valioso. Aceptar fue un recordatorio constante de que todos los niños, independientemente de sus diferencias, merecen amor, respeto y la oportunidad de alcanzar su máximo potencial.

También se dio cuenta de que la sociedad a menudo malinterpretaba y estigmatizaba las condiciones de sus hijos. Se volvió una defensora apasionada de la comprensión y la aceptación, luchando contra los prejuicios y estereotipos que rodeaban al diagnóstico de su hijo. Se comprometió a educar a los demás, a fomentar la inclusión y a crear un mundo en el que su hijo y otros niños con condiciones similares pudieran ser vistos y valorados por lo que eran, en lugar de ser juzgados por lo que no eran. Se convirtió en una experiencia emocionalmente intensa, una montaña rusa de emociones que incluía momentos de tristeza, miedo y confusión, pero también de alegría, gratitud y amor incondicional. Descubrió una fortaleza en sí misma que nunca supo que tenía y un amor por su hijo que no conocía límites, básicamente porque la sociedad ya impone los suficientes como para que la velocidad de su camino baje considerablemente.

Su transformación tenía ahora un nombre, un apellido y un propósito. La nube negra que la había envuelto se había disipado o al menos se había trasladado a algún rincón que ella no olvidaba, pero tampoco deseaba volver a ver. Poder aceptar, tener la opción de hacerlo, era algo de lo que era plenamente consciente. Quería creer que realmente estaba aceptando y no simplemente encubriendo algún espejismo, como tantos que había experimentado en la fase depresiva.

En esta fase, ella finalmente logró comprender que todo lo que había experimentado anteriormente era simplemente la bienvenida a la palabra "discapacidad". En un diagnóstico, no siempre te encuentras de frente con esta condición, y ahí radica la magia de la genética. Lo comprendió mientras transitaba por este conjunto de emociones, donde se dio cuenta claramente de que, de ahora en adelante, la normalización de esta palabra y la integración de la discapacidad en su día a día deberían surgir de su corazón y, a continuación, de su boca. Ella no comenzó a adorar la discapacidad; simplemente había decidido aceptarla y acompañarla, incluso en los días en que los desafíos que traía consigo eran los más abrumadores internamente. También se dio cuenta de que debía defenderla a capa y espada, porque jamás, jamás, jamás abandonaría a su hijo.

Llegar hasta aquí sería un viaje de emociones profundas y transformación personal. Es un momento en la vida en el que ella se vio confrontando con la realidad de su propia maternidad, y aunque fue abrumador al principio, también fue un acto de valentía y resiliencia. Poder sumergirse en la aceptación es también un acto de generosidad hacia los demás, ya que al aceptar nuestra situación, permitimos que quienes nos rodean comprendan mejor nuestra manera de ver la vida y, en consecuencia, puedan ofrecer su apoyo de manera más significativa.

Es mucho más que un acto de conformidad; es un acto de amor propio, de resistencia y de crecimiento. Es el comienzo de un viaje que nos lleva a descubrir todo lo que somos capaces de lograr.

Lo que ella experimentó en ese momento fue un profundo despertar del amor incondicional y la aceptación. Mirando a su hijo, observando su genuina fascinación por las motos a pesar de sus desafíos, sintió una ola de emociones que se chocaban entre sí sin poder organizarse y que marcarían un antes y un después en su vida como madre. Ese día, en el umbral de su hogar, comprendió que su hijo era perfecto tal como era, con sus particularidades, sus desafíos y sus alegrías. Se dio cuenta de que ya no deseaba cambiar nada, no deseaba la oportunidad de retroceder en el tiempo y alterar el curso de los acontecimientos. Había llegado a la aceptación plena de la maternidad que le había sido confiada. En ese momento de revelación, decidió que todo lo que su hijo tenía para ofrecer al mundo sería valorado y celebrado. Optó por abrazar la vida tal como se la presentaba, con todas las condiciones genéticas que ya habían sido determinadas. Su enfoque cambió: ya no sería ella quien impusiera condiciones o expectativas a su hijo, sino que aceptaría la vida y a su hijo tal como eran. A través de su amor incondicional y su determinación de apoyar a su hijo en cada paso del camino, ella se convirtió en un faro de fortaleza y comprensión. Entendió que la vida, con todas sus complejidades, era hermosa en su esencia y que su papel era ser un apoyo en el viaje de su hijo.

En el umbral de la incertidumbre, un mundo nuevo surgió,
Cuando ella finalmente aceptó el diagnóstico, su corazón se
expandió.
Su hijo, con sus dones únicos, un ser especial sin par,
Ella descubrió que el amor incondicional podía despertar.

Al principio, temores y preguntas atosigaban su mente,
Pero la aceptación trajo consigo un cambio evidente.
Transformó su dolor en fuerza, su tristeza en esperanza,
Asumiendo el rol de madre, una nueva danza.

Sus lágrimas se convirtieron en sonrisas, su incertidumbre en fe,
En cada paso del camino de su hijo, ella permanecerá.
Aprendió que el amor es más grande que cualquier etiqueta,
Y que la diversidad enriquece la vida completa.

Cada logro, por pequeño que parezca, es motivo de celebración,
Cada desafío superado la llena de admiración.
En los triunfos y en las luchas de su hijo, en cada paso del
andar,
Su amor por él crece, un lazo imposible de quebrantar.

La transformación de esta madre, cuando acepta sin reservas,
Es un regalo que se da a sí misma, sin condiciones ni reservas.
Porque en la diferencia hallamos belleza, en la aceptación hay
luz,
En el amor sincero y profundo, descubren un mundo seductor.

Aprendizaje

Cuántos años habían transcurrido para que finalmente ella pudiera entender el funcionamiento de la vida. Fue necesario un diagnóstico, una familia y luego una maternidad en solitario. Tantos años le costó darse cuenta de que, en realidad, lo que programamos en nuestra mente y lo que deseamos llevar a cabo rara vez sale como lo planeamos, sin importar cuán meticulosos seamos.

Esta es la fase que nunca termina, la que contiene la mayor cantidad de contenido de calidad desde el mismo momento en que su alma la pisa. Esta fase determina cómo será su vida de ahora en adelante. En realidad, esta fase se encuentra presente en cada una de las anteriores, porque en medio de todas las tormentas que ella atravesó, el aprendizaje estaba escondido, observando y tomando nota. A menudo, pensamos que el aprendizaje nunca llega, pero estaba allí, vigilándola, cuidándola y asegurándose de que cada una de esas fases concluyera con un poquito de enseñanza sobre la madre que fue parte de una metamorfosis profunda.

Parada en este escalón, donde al mirar hacia abajo se pierde en el vacío de lo alto que esa madre logró llegar, se dio cuenta de muchas cosas que nunca pensó que saldrían de su interior. Aprendió a valorar, incluso con lágrimas en los ojos, aquella tarde en la que estaba sola en su sala de estar, tratando de que su niño diera sus primeros pasos. La frustración era parte del impulso que necesitaba para seguir intentándolo. Aquella tarde no parecía tener ninguna enseñanza si solo consideramos que ese niño eventualmente caminaría por sí solo, tanto genéticamente como por las ganas que él mostraba. Sin embargo, parada en este punto, pudo visualizar cuánto aprendizaje se ocultaba en diez minutos de las horas que tenía aquella tarde. Se dio cuenta de su predisposición como madre, la confianza que su hijo tenía en ella, la constancia que se estaba grabando en las venas de ambos. Lo que parecía mínimo desde fuera resultó ser el comienzo de su comprensión de que solo debía celebrar lo que su hijo lograba, mientras que los hitos típicos del desarrollo se los regalaría a aquellos que no querían ver la vida como algo único.

Asimiló que para ser escuchada, tanto ella como las otras madres que formaban parte de su tribu, debían levantar la voz, buscar, encontrar y promover su causa. De lo contrario, la invisibilidad seguiría siendo ese manto que las cubriría. Comprendió que si su hijo estaba en este mundo, era porque tenía los mismos derechos que cualquier otro ser humano. Él también pertenecía a este mundo y, si su madre había decidido darle la vida, era porque creía firmemente que su existencia merecía ser vivida y valorada.

Aprendió a vivir la vida, a respirar y a sobrellevar el dolor, porque el dolor la acompañaría durante toda la vida. Su hijo era el centro de miradas fijas, desafíos inesperados e injusticias, estigmatización, exclusión y desprecio. Ver todo eso nunca dejaría de dolerle, pero ese sería su dolor más privado, el que escondería para siempre detrás de frases como "*estoy bien*". El dolor profundo y prolongado del duelo no podía acompañarla toda la vida.

Ahora solo quedaba ese dolor que se escondía bajo su falda y que aparecía constantemente, incluso cuando había logros que celebrar.

Duele darse cuenta de lo que cuesta alcanzar ciertos avances. Duele ver un esfuerzo que mina las ganas de seguir intentándolo. Duele comprender que la discapacidad te inhabilita en la sociedad solo por hacer tuya esa palabra.

Por eso, aprendió a colocar cada uno de esos sentimientos en el lugar que les correspondía en su vida, brindándoles el espacio y la atención que requerían en momentos específicos.

Estaba lista para devolverle a sus hijos a su madre, con ganas ya, por fin, de maternar, de seguir educando en la empatía, de estudiar y enseñar, porque aprender jamás dejaría de ser parte de su vida. Extrañaba a sus hijos, extrañaba su propia mirada pura que jamás volvería a ver. En ese espejo, ya no quedaba nada de la antigua mujer que había comenzado a ascender la montaña que les había asignado. No quedaba esa piel lisa que hacía dudar de su edad ni aquel cabello brillante y sedoso que solía peinar por las mañanas. Ahora había surcos pesados y largos que mostraban la cantidad de horas y lágrimas que habían sido necesarias para crearlos. Ahora había un ceño marcado por las preocupaciones que se habían instalado en su vida un buen día. Había una mirada profunda, seria y penetrante que había visto cosas que nunca habría imaginado. Quedaba una media sonrisa que hacía tiempo que no mostraba al mundo de la manera más sincera, porque desde hacía años solo sabía fingir. Su cuerpo parecía descuidado, pero en realidad era el reflejo del paso de la vida, aparentemente descuidado a los ojos de quienes no saben mirar. En ella se reflejaba el agotamiento, en cada parte de su ser. Era la viva imagen de una madre que estaba aprendiendo del camino, de la vida y de sí misma.

Cuando nos sumergimos en las profundidades del duelo, descubrimos que no solo es un viaje emocional, sino también una travesía que deja su marca en nuestro ser físico. A medida que atravesamos el proceso, nuestro cuerpo experimenta cambios sutiles y profundos. En nuestros rostros, podemos ver líneas de preocupación trazadas con delicadeza, testigos de las noches sin dormir y las lágrimas derramadas en la intimidad. Nuestros ojos, una vez llenos de brillo, pueden mostrar la sombra de la tristeza que aún no se desvanece por completo. Nuestro cuerpo puede sentirse más pesado, como si lleváramos una carga invisible. Los hombros, antes erguidos con confianza, se inclinan ligeramente bajo el peso del dolor. Los músculos tensos, como guardando la angustia dentro de sí mismos, buscan alivio en abrazos apretados y en la liberación a través del movimiento. Nuestra piel, una vez radiante, puede perder parte de su luminosidad. El estrés y el agotamiento se hacen evidentes, dejando huellas en forma de ojeras y palidez. Pero también hay una belleza en esta transformación física, una especie de testimonio de lo que hemos atravesado. A medida que avanzamos en el duelo, nuestros cuerpos se fortalecen lentamente. A través del llanto y la liberación emocional, nuestros músculos se relajan y nuestros rostros encuentran un respiro de serenidad. Las líneas de preocupación se suavizan, y nuestros ojos recuperan el brillo, aunque ahora teñidos de sabiduría y compasión. Es un recordatorio de la resiliencia del ser humano. Nos muestra cómo nuestro cuerpo y nuestra alma están intrincadamente conectados, y cómo uno puede sanar cuando el otro lo permite. A través del cuidado amoroso de nosotros mismos, nutriendo nuestras necesidades físicas y emocionales, comenzamos a encontrar una renovada vitalidad.

Es permitirnos ser transformados por la experiencia. Somos testigos vivientes de cómo el amor y el dolor pueden entrelazarse, creando un tapiz hermoso y complejo en nuestras vidas. Honremos nuestros cuerpos como templos de nuestra experiencia y permitámonos sanar en cada fibra de nuestro ser.

Por fin, ella había entendido algo que siempre negó.
Murió de un día para el otro, y mucho más tarde, *renació*, lenta y dolorosamente.

La aceptación llega como un suave suspiro al final de un largo viaje,
Un sendero lleno de etapas, de lágrimas y de coraje.
Recordamos la negación, la ira, la negociación y la pena,
Las fases previas que nos llevaron a la condena.

En la negación, resistimos la realidad que se imponía,
En la ira, luchamos contra un destino que no entendíamos todavía.
Negociamos con el universo, tratamos de cambiar el rumbo,
La pena nos hizo tocar fondo, en busca de un respiro profundo.

Pero en la aceptación, encontramos la calma y el entendimiento,
Aprendimos que no podemos cambiar lo que está en el viento.
Abrimos el corazón a la singularidad de nuestro hijo,
En su belleza única, encontramos nuestro abrigo.

Aceptamos que la vida tiene sus misterios y desafíos,
Que amar a nuestro hijo es el regalo más precioso y valioso.
Aprendimos a valorar la diferencia, a celebrar cada logro,
En la aceptación, encontramos un amor que nunca se agota.

Las fases anteriores nos moldearon, nos hicieron fuertes,
Y en la aceptación, hallamos la paz que nuestros corazones ansían,
Recordamos las lágrimas y el dolor que experimentamos,
Pero en la aceptación, encontramos el regocijo de un amor sin límites.

Lo peor es que la inclusión no debería de existir, porque no debería de haber nadie en el mundo que pida ser incluido en un mundo que también le pertenece.

No estamos solas
Somos muchas.

Made in United States
Orlando, FL
07 June 2025

61933233R00066